幼儿园教育环境创设

主　编　钟海宏
副主编　倪史文　陆君梅

华东师范大学出版社

图书在版编目(CIP)数据

幼儿园教育环境创设/钟海宏主编.—上海:华东师范
大学出版社,2015.1
高职高专学前教育专业系列教材
ISBN 978-7-5675-3015-7

Ⅰ.①幼…　Ⅱ.①钟…　Ⅲ.①幼儿园-教育环境学-
高等职业教育-教材　Ⅳ.①G617

中国版本图书馆 CIP 数据核字(2015)第 017245 号

幼儿园教育环境创设

主　　编　钟海宏
项目编辑　蒋　将
审读编辑　顾国军
责任校对　高士吟
装帧设计　陆　弦

出版发行　华东师范大学出版社
社　　址　上海市中山北路 3663 号　邮编 200062
网　　址　www.ecnupress.com.cn
电　　话　021-60821666　行政传真 021-62572105
客服电话　021-62865537　门市(邮购)电话 021-62869887
地　　址　上海市中山北路 3663 号华东师范大学校内先锋路口
网　　店　http://hdsdcbs.tmall.com

印 刷 者　宜兴市德胜印刷有限公司
开　　本　890×1240　16 开
印　　张　11
字　　数　311 千字
版　　次　2015 年 3 月第 1 版
印　　次　2017 年 12 月第 5 次
书　　号　ISBN 978-7-5675-3015-7/G·7892
定　　价　31.00 元

出 版 人　王　焰

(如发现本版图书有印订质量问题,请寄回本社客服中心调换或电话 021-62865537 联系)

目　　录

前　言

在幼儿园的教育活动中,环境作为一种"隐性课程",在开发幼儿智力、促进幼儿个性健康发展方面,越来越引起人们的重视。《幼儿园教育指导纲要(试行)》也明确提出:"环境是重要的教育资源,应通过环境的创设和利用,有效地促进幼儿的发展。"可见,环境对幼儿园的日常教育活动起着重要的作用。本书的主要任务是厘清幼儿园环境创设的概念及其分类,并阐述了以幼儿心理学为依据的幼儿园环境创设。

作为一门应用性课程的用书,本书十分强调实用性和可操作性。因此,在编写过程中,始终从一线教师角度出发,用通俗易懂的文字、直观生动的图片展示幼儿园环境创设的最新进展。对一线教师来说,环境创设不单单是环境美化,更多的是教育的内在体现。环境创设不是无意识或散乱的,而是对每一种教育形式的呈现,每一处空间的使用都蕴含着深刻的教育意义。我们从幼儿园环境创设存在的普遍问题入手,问题根源在哪里? 应该在以后的工作中如何避免? 如何在创设的过程中尽可能地发挥教育的功能? 这些都是本书需要回答的问题。

在本书的编写过程中,我们参考了很多相关的研究成果和优秀案例,我们对案例的作者表示衷心感谢。本书还有许多不足之处,希望读者在阅读过程中多提宝贵意见。

编　者

2014 年 10 月

第一章 幼儿园环境概述

第一节 幼儿园环境的分类

一、物质环境

幼儿园的物质环境主要是指幼儿园内影响幼儿身心发展的物化形态的教育条件,其中包括:园舍建筑、设施设备、教学器材、活动场地、玩具学具、环境布置、影像画面资料、运动器械、植物生物等有形的事物。幼儿园的物质环境是开展幼儿园各项活动的基础和先决条件,只有保障有足够的物质条件才能开展工作、保证教育教学质量。

二、心理环境

与幼儿园物质环境相比,心理环境是无形的、隐性的、更为复杂且难把握的部分。心理环境对幼儿的认知、情感和社会性发展,以及个性品格的形成都起到了潜移默化的影响,幼儿园物质环境创设目标的实现,很大程度上取决于幼儿园心理环境创设是否达到预期的目标,取决于幼儿园内部的工作人员之间、教师与幼儿之间及幼儿与幼儿之间的互动与交往行为。一个学龄前幼儿是否能在健康和谐的氛围中成长,幼儿园的心理环境创设有着不可忽视的作用。

三、文化环境

幼儿园的文化环境可以理解为是带有一定园所特色的精神环境。每一所幼儿园都有自己独有的园所特色,如美术特色的幼儿园会更注重环境中对美的表现,当你走进一所美术特色的幼儿园时,你所看到的是形式丰富的美术作品和赏心悦目的环境布置,而运动特色的幼儿园更注重健康领域的实践,如游泳、轮滑等。

第二节 幼儿园环境的意义

2001 年,教育部颁布的《幼儿园教育指导纲要(试行)》中对幼儿园环境创设作了如下的要求:环境是重要的教育资源,应通过环境的创设和利用,有效地促进幼儿的发展。我们可以理解为这是对我国幼儿园环境创设的总体目标。

(一)幼儿园的空间、设施、活动材料和常规要求等应有利于引发、支持幼儿的游戏和各种探索活动,有利于引发、支持幼儿与周围环境之间积极的相互作用。

(二)幼儿同伴群体及幼儿园教师集体是宝贵的教育资源,应充分发挥这一资源的作用。

(三)教师的态度和管理方式应有助于形成安全、温馨的心理环境;言行举止应成为幼儿学习的良好榜样。

（四）家庭是幼儿园重要的合作伙伴。应本着尊重、平等、合作的原则，争取家长的理解、支持和主动参与，并积极支持、帮助家长提高教育能力。

（五）充分利用自然环境和社区的教育资源，扩展幼儿生活和学习的空间。幼儿园同时应为社区的早期教育提供服务。

从以上这几点不难看出，当前幼儿园环境创设不仅需要在物质方面给予充足的资源，同时也要注意教育材料对幼儿是否有启发和引导作用、幼儿与教育材料之间是否有有效的互动，而且还对幼儿园内心理环境以及园外环境提出了更高的要求。

在创设环境的时候，应当注意所创设的教育环境是否具有教育价值，所呈现的环境是否符合教育。

一、幼儿园环境影响幼儿的审美与认知

3—6 岁的幼儿对世界的认识尚浅，还处于好奇的探索阶段，他们的认识很大一部分来自于身边的环境。对于幼儿来说，幼儿园是幼儿活动时间最长的环境，也是除了家庭以外对幼儿影响最深的环境。因此，幼儿园环境对幼儿的成长有着至关重要的作用。作为我们娇嫩的花朵，幼儿的眼睛所触及的每一处风景、每一个角落都应该是美的，是有助于身心健康发展的，因此教师要努力创设美的环境，同时又要与幼儿的生活相结合，培养幼儿热爱生活的情感。如在环境的布置过程中运用身边的材料——麻布、一次性纸盘、塑料瓶等——随手可得的材料，这些源于生活的材料对幼儿来说既熟悉而可变性又强，能够有效地引导幼儿发现生活的美，激发幼儿的想象力和创造力。

在色彩上，幼儿园应给幼儿以美的视觉享受。幼儿们喜爱明快的色彩对比，活泼好动的幼儿从中可以感受到色彩的节奏变化。在色彩上，若考虑画面的整体美，宜采用较大浅色块支撑，可使画面既有局部的变化，又有整体协调感，能解决幼儿园墙面内容多、色调不易统一的问题，使环境更艺术化，让幼儿对美的感知更为强烈。

幼儿园的图画色泽宜单纯、接近自然，这样的色彩能让孩子们产生丰富的想象：广袤无边的绿色草原、茂密的森林、辽阔的蓝天、飘浮的白云、蔚蓝的海洋和可爱的小动物。这些色彩，易使幼儿产生共鸣、直观地理解，便于他们欣赏、借鉴和再现。

幼儿园环境装饰中的造型是幼儿对最初认知事物的导师。造型圆浑、敦实、稚拙、简洁的美术品最能吸引幼儿，因为尚未完全走出视觉模糊阶段的幼儿，对圆浑的造型能直观地感知。敦实、稚拙的模样能让他们更多地去关注和怜爱。

整体环境的构设是帮助幼儿获得丰富表象的重要途径。儿童生活在物质的世界中，形形色色的物体均有一定的数量、形状、大小。幼儿园环境在很大程度上也具备了这样的空间感、秩序感，蕴含着对数学的认知，应该说幼儿园环境在感知方面深深地影响着幼儿。

二、幼儿园环境能激发幼儿的活动兴趣

物质环境是精神环境的基础。在幼儿园的一日活动中，环境作为一位"辅助的教师"引导着孩子学习、运动、游戏和生活。一个好的幼儿园环境能诱发幼儿的活动兴趣，例如，有的幼儿园的操场旁边有一些小草坡和葡萄架，教师充分利用这个天然的条件，为幼儿创设"我是小小消防员"的运动情境，制作一些与消防服类似的衣服，让幼儿在装扮中自我认同角色，将葡萄架与小草坡设计成充满挑战的"生命通道"，并在葡萄架下悬挂麻绳制作的吊环、绳梯、竹竿等。在每个项目上创设游戏任务，有任务卡挂在绳梯的最顶端，需要幼儿爬到高处才能获得，环境的辅助便能激发幼儿的攀爬动力，努力去拿任务卡，从而使幼儿最大限度地去运动。相比单调地投放器械，这样的环境能促进幼儿更积极地投入到运动中。从这个例子中不难看出，环境对幼儿的兴趣激发有着很大的作用。

第三节　幼儿园环境创设的原则

一、安全性原则

安全性原则主要是指幼儿园的园所建设、设施设备、活动场地、教玩具等有形的物质条件必须符合国家颁布的相关卫生标准和安全标准,对幼儿的身体和心理没有安全和危险隐患,不会造成幼儿畸形发展的原则。在幼儿园环境创设的所有原则中,安全性原则是最首要的原则,也是幼儿能健康发展的最必要条件。在创设环境时,幼儿的安全是第一位的,只有幼儿的人身安全得到了保证,在充满安全感的环境里,幼儿才能自由地发展、快乐地成长。

硬件设备应当充分体现安全性,如涂料是否无毒、窗边的栏杆是否过低、有没有年久失修的器材没有及时地维护、制作的教玩具有无锋利的棱角、门轴是否会夹痛孩子的手等一系列的问题都是需要考虑的。

另外值得注意的是,在创设班级及活动室环境时,有必要针对幼儿的数量开放、创设相应的区域。《幼儿园工作规程》中明确规定:幼儿园规模以有利于幼儿身心健康,便于管理为原则,不宜过大。幼儿园每班幼儿人数一般为小班 25 人、中班 30 人、大班 35 人。教师要根据适宜的心理空间距离来安排每一个区域可进入的幼儿数量,因为太过拥挤的环境不仅会造成碰撞、摔伤等安全事故,也不利于幼儿之间良性的交往互动。

其次,可以在一些细节之处让环境"说话",提醒幼儿注意安全,学会保护自己,从而养成良好的安全保护意识。例如,可以在楼梯的上行方向或下行方向右侧贴上小脚印,在无形中提醒幼儿走楼梯靠右走;另外我们还可以在楼梯的扶手上制作一些毛巾卡通布偶,让幼儿在摸布偶的过程中,扶住扶手。

二、适宜性原则

适宜性原则是指幼儿园所有物质条件都要从保障与促进幼儿身心顺利和健康发展出发,要与幼儿的年龄特点、兴趣爱好、个性特征等相互匹配,要能满足幼儿全面发展的需要。发展是幼儿阶段的首要任务,促进幼儿的发展是幼儿园工作的核心,那么幼儿园的环境创设就要能促进幼儿发展、发挥环境影响教育的功能,坚持适宜性原则。

首先,幼儿园创设的环境要适合幼儿的年龄特点。我们在现实生活中不难发现,很多教师为了创设环境而创设环境,运用材料"随心所欲",创设的环境不符合幼儿的认知水平和兴趣。比如,在大班下学期的教室里创设浅显幼稚的卡通造型,对环境语言没有很好地梳理和归纳,没有提供幼儿思考和探索的空间,而在形象思维占优势的小班里创设了很多文字标示,这显然是对幼儿的年龄特点没有把握的产物。其实,只要把握好了年龄特点,抓住"年龄"这个关键词,创设适宜的环境并不是很难。小班的环境要生动形象,充满情境性,尽量满足幼儿的幻想需求。可大量地使用纯色,但色调要统一和协调,在材料的投放上要富有感官刺激;中班的环境要在小班的基础上凸显合作性,增加一些可供合作的环境,让环境作为幼儿互动的辅助;大班的环境要体现幼儿思考和探索的过程性和丰富性。在教室环境创设方面,小班的孩子大多是平行游戏,所以可以多投放相同的、类似的、同一维度的材料,让孩子感觉"他有我也有"。而大班的幼儿更注重合作,可投放一些开放性的、具有挑战的、可反复推敲、反复试玩的材料,同时也要注意是否可促进合作,是否能适应不同幼儿的需求。

其次,幼儿园创设的环境要适合不同幼儿的个性需求,让孩子有充分的能力发展空间。根据多元智能理论,我们知道每个孩子都有自己的擅长部分,我们创设的环境不能单单只考虑大部分幼儿的优势取向,而要创设满足不同个性需求的不同维度的环境。

三、丰富性原则

环境创设的丰富性是指幼儿园要依据《幼儿园教育指导纲要(试行)》提出的幼儿发展目标,为全体幼儿提供足够的、多种多样的、可供获取的丰富的知识信息、情感体验以及活动技能等富含教育价值的活动材料。有些幼儿园为了表现环境的丰富，错误地理解了"丰富"的意义，以为一味地"华丽"和"绚丽"就是丰富的意思，不知不能与幼儿互动的环境都叫做"死环境"，它没有任何价值，空洞而单调，只是教师为了创设环境而创设的环境，这些环境不会让幼儿的能力得到充分的发展，甚至会阻碍和限制幼儿的发展，成为一个对外界环境麻木的人，失去观察环境与主动积极改变环境的意识。

丰富的环境包括空间利用的丰富、活动形式的丰富和材料投放的丰富。幼儿园的场地空间有限，所以教师要一地多用、一物多玩，并让孩子做环境的主人，自主地选择环境、改造环境。活动材料的选择和投放应从多种维度进行考量，比如，材料的数量要充足（小班的幼儿要注重游戏材料满足多名幼儿同一时间使用，所以同一样物品要数量在两个以上），材料的结构要同时考虑低结构、高结构和无结构的不同层面。

四、主体性原则

主体性不能仅仅理解为参与性，幼儿是环境的主人，对环境有绝对支配权和管理权，环境的创设要以幼儿的需求为主，环境的布置要强调幼儿的主动参与，幼儿与环境产生充分的互动。由环境的呈现方式可得知幼儿在活动中是否具有自主性、能动性和创造性，环境是综合考评幼儿园的一个主要方面。教师不应该创设只能观察的"静态环境"，没有与环境产生互动，也就失去了创设该环境的意义。

当幼儿能主动地参与到改变周围环境的工作中时，他们就会感觉到自己有控制周围世界的能力，在这样的过程中，孩子能获得自信。

教师可根据当前的主题内容、季节特点、节日内容等进行环境创设，还可根据幼儿在活动中生成的问题来创设环境，通过幼儿与环境的间接对话来寻找答案。比如，主题活动"动物大世界"中，幼儿想知道还有哪些动物也是野生动物，教师在主题墙上为幼儿创设一个能补充答案的区域，让幼儿通过回家搜索答案、自学知识，用自己喜欢的方式展示在该区域内，最后成为了该问题的答案墙。

教室中还可创设一个作品墙，让幼儿将自己满意的手工作品、喜欢的照片展示到这个区域内，也可以为幼儿提供材料，让幼儿在该区域自由地创作作品，即画即贴，增强归属感。

五、效用性原则

教师为了追求复杂美观的环境，或者为了应付检查，大规模地投放材料，这样的环境创设效用很低，对于空间较小的城区型幼儿园，太过纷繁的环境创设还会对幼儿的心理健康起到反作用。那么，怎样的环境创设才是有效用的呢？

幼儿接触环境后会对其有一个初步的了解，随着与环境的互动不断产生新的兴趣和需要。投放的材料要依据幼儿和环境之间"对话"后的结果、生成的问题，进行渐进性的调整，教师可以从几个维度来考量环境创设是否具有效用性。

要考量创设的环境是否能满足幼儿的需要。如在角色游戏的环境中，是否按照班级的总人数来创设区域，是否在每个区域中有环境的暗示，以无声的"小老师"形象提醒孩子们要注意规则。还要考量，小班平行游戏较多，是否材料投放充足；中班是否有开展初步的社会合作的环境辅助；大班的环境是否自由宽松，材料是否丰富多样，大部分的环境是否可以由孩子合作创设，而教师只做引导和协助。

另外，值得一提的是在空间的利用上，可采用一个区域多重利用的方法，充分利用桌椅、橱、布帘搭建的分割隔板，在此基础上制作游戏环境等。再者，材料的使用要充分实现一物多玩和以物代物。应多使用结构化程度低、用途多的材料，如利用废旧材料，培养幼儿的想象力、创造力和动手操作力。

第二章 幼儿园主题环境创设

第一节 主题环境创设概述

主题环境创设是为了开展主题活动,主题活动则是整合了不同领域内容与目标的教育活动,具有时间的阶段性和幼儿发展的递进性,有的主题活动会有多个分支目标,构成了一个完整的主题活动内容。

在创设主题环境的时候,最能呈现当前主题活动的是主题墙的创设,还有与主题相配套的个别化学习内容、主题教室大环境等。主题墙的作用,绝不局限于孩子作品的展示。它的内容选择可以更广泛,可以涉及孩子发展的各个方面,展示幼儿学习过程和结果,如幼儿为主题活动做的调查表、有关主题活动的趣闻、有关主题活动的绘画手工等作品。另外,主题墙不一定是平面布置的,我们也可以在墙壁上用泡沫板、各种塑料筒、纸盒等废旧材料搭建成为立体的。这样就可以成为一个幼儿取放材料和展示立体物品的操作台。

一、主题环境创设的注意事项

由于主题活动强调的是幼儿的探索过程以及与环境的互动,所以教师在创设主题环境的时要注意以下两个方面:

(一) 主题环境需促进幼儿有效开展主题活动

主题活动是教师与幼儿在一种特定的情境中进行、需要围绕主题目标开展的开放式的探索过程。教师在开展主题活动时要有相关的预设,考虑到"班本化"特点,找到活动开展的落脚点和偏重处,所以此时主题环境的创设就有了不同的班级差别。因此,在主题活动开始之初,主题环境作为一个教育情境与幼儿互动着。在开展主题活动的时候,很多教师会根据幼儿的反应,及时地调整自己的措施和策略。在创设主题环境的时候,要考虑到环境不会是一成不变的,要随着活动的开展和幼儿的反应做出调整、归纳、梳理和互动,让幼儿能感受到主题气氛,更加投入地融入其中;让幼儿能及时看到自己的作品和学习成果,体验到收获的成就;让幼儿在主题探索的过程中,循着主题内容而进行思考和提出疑问,及时地解决、消化与吸收,达到有效探索的目的。

(二) 主题环境需激发幼儿参与主题活动的兴趣

主题的产生依赖于幼儿对周围世界的感知而引发的兴趣和好奇心,教师要及时地抓住这个关键点,开展主题活动。良好的主题环境不仅能帮助幼儿在主题活动中找到感兴趣的疑问的答案,也能在活动中拓展和延伸相关的主题兴趣。教师可以在环境中投放相关的材料,比如在大班开展"我是中国人"主题时,教师可以在教室里的表演角投放一些京剧脸谱画册,在美术角投放一些幼儿感兴趣的民间工艺艺术图片,在语言角投放一些成语故事绘本等,通过一些细小的、幼儿可感知的事物,激发幼儿参与主题活动的兴趣,从而融入到主题中来。

二、主题环境创设的重难点

要创设有效的主题环境,重难点在于以下三个方面:

1. 互动

主题墙上不应以教师的装扮为主,应在形式上体现与幼儿的互动。

2. 归纳

主题墙要对一个主题活动内容进行归纳,归纳不仅仅是指对已认知内容的归纳,还可以对主题活动中所存的疑惑进行归纳和罗列,以此来激发幼儿继续探索的兴趣。

3. 梳理

在主题活动中幼儿会随着活动的展开增长知识、获得技能、促进情感养成,随之生成主题经验。教师根据每个幼儿存在个体差异,班本化特点的不同,各个班级对主题活动偏向的不同,在梳理经验时要有倾向度。

以下按照幼儿园小班、中班和大班的顺序,结合各年龄段特点,分别介绍每一阶段的主题环境创设。

第二节　小班主题环境创设

一、环境创设的方法和途径

虽然小班的主题活动内容较为简单,没有很多合作过程,但在实践操作中,小班的主题墙创设具有一定的难度。由于小班幼儿动手能力不强,参与意识较弱,他们的年龄特征决定了他们对环境的认识是感性的、具体的、形象的,更容易在一种生活化、情景化的环境中产生互动。如何根据小班幼儿的年龄特点,创设适合小班幼儿的主题墙,让主题墙真正发挥教育作用,促进幼儿的发展呢? 我们通过几个例子来尝试回答。

例如,在小班"我的幼儿园"主题活动中,教师初步确立从以下几个方面入手来达成目标:找到自己喜欢上幼儿园的理由;能积极地投入到集体的生活中;知道幼儿园里有本领大的哥哥姐姐,并向他们学习一种本领;能建立初步的归属感;知道要爱护幼儿园的物品等。

还比如,在创设小班主题墙"娃娃家"的时候,根据小班幼儿新入园、年龄小的特点,教师要尽可能为孩子创设一个温馨的环境,主题是关于"家"的内容,教师通过与家长沟通和互动,将家中幼儿熟悉的物品带到幼儿园中来,可以是一张温馨的全家福,上面有爸爸、妈妈和自己,教师可以在主题墙上用一栋大房子来作为背景,一个个窗户可打开,让幼儿来找一找自己的全家福在哪里,邀请家长带着宝宝一同来参与制作全家福的相框,使幼儿在参与制作的过程中更对自己的作品有了一份信任和归属感。在主题活动中,教师可以让幼儿先介绍一下自己的家庭成员,再请幼儿自己选择想要"入住"的房间,自己贴到窗户上,这样一来,入园带来的分离焦虑也能有所化解。

二、环境创设的要求

1. 内容丰富

由于小班的主题活动内容较简单浅显,所以教师要把握好主题墙内容的丰富程度,同一个学习要素由幼儿选择以不同的形式来表现,可增添拓展的内容。

2. 鼓励幼儿参与

可通过询问幼儿意见的方式,鼓励幼儿加入到主题墙的创设中。如在谈话活动中询问喜欢妈妈的理由,由此得到多种多样的回答,教师可在主题墙上进行归纳,在此基础上可增加内容的深度,邀请孩子一起为"喜欢妈妈的理由"贴上五角星,选出最喜欢妈妈的理由。

　　3. 形式直观易懂

　　可用照片的形式记录主题活动中幼儿的神态、思考的过程、探索的成果,或用图片呈现,以绘画的形式归纳和总结。

三、思考与实践

　　1. 你对小班主题墙的创设是怎么理解的?

　　2. 以"小兔乖乖"为主题,制作一份主题墙,内容可更改,最好选当前小班主题用书里的内容。

　　要求:有个性化的、符合主题内容的墙面框架;能清晰地划分主题墙内容;能以适宜的形式表现。

四、教学图例

小花园

材料呈现:卡纸、彩色蜡笔

过程说明:

　　花园里种植着很多植物,大多数幼儿喜欢在花园里玩耍,但很少知道花园中的植物也需要园艺工人的悉心照顾。

　　画面中,两个小朋友拿着洒水桶在花园中为一盆小花浇水,旁边有其他的绿色植物,花园中没有很多的花,但是有足够多的绿色,便能体现出这片花园很美丽,花园被打理得很好,可以看出小朋友为了花园的美丽付出了辛勤的劳动。

　　城市里高楼大厦越来越多,小朋友很少有机会接触大自然。公园里的植物也不需要我们小朋友来自己动手去浇水。画面中,幼儿能看到有两个小朋友在自己动手劳动,而不是很多小朋友在花园中玩耍,是为了让小朋友了解,在花园中不一定只是玩耍,还可以做更多有意义的事情。画面颜色协调自然,能吸引幼儿的关注,在欣赏画面的同时,更能看到劳动的快乐。家庭有花园的幼儿可以回家自己动手操作,体验到劳动的快乐,同时也能体会到劳动需要时间、花心思,要保护小花园。很多幼儿园拥有植物角,它们通过幼儿跟老师的努力让植物苗壮成长。在布置环境时,还可以添加几盆花,让幼儿每天轮流为花朵浇花,体验付出和等待,收获劳动的快乐。

教育价值:

这个主题墙的教育价值在于让幼儿学会亲近自然、热爱自然,愿意为身边的美丽付出一些努力。让幼儿从小学会劳动,知道保护自然的重要性,并在劳动中获得快乐。

小医生 1

材料呈现:卡纸、马克笔、彩色铅笔

过程说明:

首先,在左侧画出一个可爱的人体形象,并简单地画出人体结构:心脏、肝脏、骨头……再画出一个拿着教棒指着器官和骨头的小小医生。幼儿通过学习认识这些简单的器官和骨头,对人体构造有初步的认识。

其次,在右侧画出多本书以及几名小朋友,意在让幼儿知道需要通过书本来丰富我们的知识。我们可以通过书本去了解一些简单的医疗知识:感冒需要吃药打针、伤口破了需要包扎等;几种常用的医疗器械:听诊器、体温表、输液器、注射器;医院标志,白大褂等。这些简单的常识与我们平常生活息息相关。

再次,在画的最上方画上微笑的太阳以及云朵,寓意着健康就像晴朗的天气,能够给小朋友带来快乐。小朋友要多注意身体,加强锻炼。

最后,人物、书本上色要简洁,最大的人物需突出上色,用蓝色的彩色铅笔扫画出天空,绿色的彩色铅笔扫画出绿地,让幼儿感受到健康的身体与美丽的大自然一样重要。

教育价值:

在于让幼儿通过观察、感受、欣赏,了解小医生是生活中的不可缺少的角色之一。小医生能让幼儿学会简单的医疗知识,对付感冒、发烧、摔伤擦破皮等。还可以教育幼儿健康合理饮食,培养多运动才能有健康体魄的意识。

　　由于角色游戏是幼儿在幼儿园中经常接触的游戏，这个主题可以让幼儿在游戏中披上白大褂，扮演病人或者小医生，有助于培养幼儿的主动性、独立性和创造性。

小医生2

材料呈现：卡纸、马克笔、彩色铅笔

过程说明：

　　由于幼儿年龄小、生活经验少，其思维又是以直观形象思维为主，因此，我在组织"小医生"活动时，利用了图画，帮助幼儿回忆再现了生病、看病的过程，以直观的图像来认识医药用品，以故事、歌曲、游戏等丰富的教学形式，帮助幼儿了解"医生是怎样为病人看病的？"、"病人需要做什么？"等内容。在角色游戏里投放了白大褂、听诊器等一些常见的医院道具，还投放了各种形状、各种颜色的药片，幼儿根据药方上的符号和数字进行配药。在这个过程中让幼儿认识一些常见的医药用品，在摆弄道具时积累了经验，同时幼儿也学会了语言表达。他们学会了"请问：你哪里不舒服？"、"一日三次，一次一粒。"……还懂得了看病前要挂号。我将"小医生"主题活动定位成医院场景，医务室内的医生是一只浣熊，有一位小朋友生病了，来到医务室找浣熊医生检查身体。

　　小朋友将身体"打开"，给我们展现部分内脏器官。幼儿通过观察绘画出的各种内脏和器官，按自己的分类经验摆放成一个生理系统，例如消化系统，并为每种器官排好顺序，模拟生理过程。

　　在图画中我用医务室常见的设备和药物作为背景，来引导幼儿对于医务室的认识，以及强化幼儿生病要看医生、要配药的常识。通过教师的引导，让幼儿回忆自己生过的病或者是自己知道的病，以及相应的治疗方法。

　　医务室的橱窗是用来放药的。围绕医务室的橱窗，教师带着幼儿展开谈话活动——医务室橱窗的秘密。让幼儿回忆自己生病看医生时的场景，在医生的办公室里看见的摆放的物品，并讲讲它们的用处。目的在于让幼儿了解基本的医疗用具、医药用品。

孩子们通过各种途径了解了小医生的本领,同时,让幼儿明白生病要去看病、吃药。但药不能乱吃,要听从医生的指导。

我的幼儿园1

材料呈现:卡纸、钙塑板、瓦楞纸、海绵胶、剪刀

过程说明:

用黑色卡纸做底板,在黑色底板上用黄色卡纸做背景,用翠绿色和草绿色钙塑板营造出幼儿园前的绿油油的一片草地,在草地上用蓝色瓦楞纸做幼儿园的墙面,黑底白点的瓦楞纸作为幼儿园的屋顶,用瓦楞纸的反面做幼儿园的大门,在门前把灰色瓦楞纸贴在绿色钙塑板上,作为幼儿园门前的一条小路,幼儿园后院还有一棵大树,棕色的树干,绿色的叶子,在树上还睡着一只可爱的猫咪。远处有一棵彩色大树,把蓝色和绿色卡纸用海绵胶垫着做出五彩树的立体感,用印花机压出图中的四只蝴蝶,空中浮着的两朵云用银底装饰。把橙色钙塑板刻成栏杆状,贴在草地的上下两端。

这幅画的重点是一个用各色卡纸做成一个小女孩,用海绵胶贴做出立体感,小女孩走在去幼儿园的路上,在途中看见在树上睡觉的小猫咪,很开心地用手指着幼儿园对小猫咪说这是我的幼儿园,表现出上幼儿园的开心。

教育价值:

希望每个幼儿都可以开开心心地上幼儿园,看到幼儿园就像看到家一样说:"看,这是我的幼儿园!"而不是对幼儿园很害怕,不想去幼儿园。一路上有白白的云、五彩的树、美丽的蝴蝶、可爱的小猫咪,这都是上幼儿园的乐趣。

我的幼儿园 2

材料呈现：卡纸、马克笔、铅笔

过程说明：

    根据构思的内容进行画面设计，在卡纸上画出初步的铅笔稿，完成后进行画面细节的修改。铅笔稿完成后利用彩色马克笔和彩色铅笔进行上色。画面的左上角，"我的幼儿园"的卡通字，用淡粉红色的马克笔和玫红色的马克笔绘成；左下角有幼儿园的校车和在校车中坐着的四名幼儿，校车用粉色和蓝绿色绘成；中上角，一个沙堡前方有一个小女孩在玩沙子，沙堡用浅咖啡色和深咖啡色绘成；中下角，幼儿园的大门，利用淡蓝色和深绿色马克笔完成，并用灰色马克笔画上铁门；右上角有一个大象滑梯和一个幼儿在滑滑梯，另一个幼儿站在滑梯的最顶端，大象滑梯用粉色马克笔上色；右下角有一个篮筐和两个幼儿在练习投篮，篮筐用灰色马克笔上色。图中幼儿的衣服统一为淡蓝色上衣和深蓝色裤子，以体现统一和谐性。最后用黄绿色的彩色铅笔淡淡地上底，并用翠绿色的彩色铅笔画上许多绿色的小草作为画面的背景。最终图片上呈现的"我的幼儿园"有一个玩沙子区域、一个滑滑梯区域、一个投篮区域，若干幼儿分别在不同的区域玩耍，表现出幼儿在幼儿园玩游戏时的欢乐。校车中的幼儿都是十分开心的表情，表现出他们对幼儿园的一种向往。图画中的绿色草地给人一种心旷神怡的感觉，展示了幼儿园中的优美环境。幼儿在草地上玩耍表示幼儿园是安全的游戏环境，即使幼儿在玩耍中摔倒也不会有大碍，草地起着保护幼儿的作用。

教育价值：

    画面中的幼儿园有许多幼儿游戏的常用设施，幼儿可以自由地玩耍。这个画面可以吸引幼儿去上幼儿园，尤其是小班的幼儿，刚上幼儿园的他们对幼儿园有一种陌生感和恐惧感，常常出现哭闹的情况，这些图片可以帮助他们了解幼儿园，喜欢上幼儿园，让他们知道在幼儿园里能玩许许多多的游戏，而且幼儿园里有很多小伙伴，可以交到许多新朋友，在幼儿园里每天都可以和小朋友们一起玩耍。

动物的花花衣 1

材料呈现：布卡纸、胶水、剪刀

过程说明：

圆形的物体在生活中比比皆是，而由此变化衍生出来的圆形图案更是随处可见，所以圆常常是孩子们认知世界的一个切入点。

圆的变化除了直径长短的不同外，也可以因上下互相垂直的两条直径径长不同而变成椭圆。因此，把不同颜色和不同大小的圆进行组合，可产生一系列奇妙的趣味图形。倘若将圆进行刻、剪、镂的处理，再巧妙地拼贴在一起，那更是妙不可言了。

图中动物的身体都是由圆或半圆组成。在动物的世界里，许多动物的整体或局部似乎都与圆相近。比如，熊猫的眼睛、鱼的身体、鸟的头和蝴蝶的翅膀等。

在制作作品时，要注意颜色的搭配和材料的选择，让作品具有美感。

教育价值：

在制作孔雀、蝴蝶、和平鸟和花朵的过程中，选用的是彩布和彩纸，用剪刀剪出不同的大小、不同色块的圆纸进行拼贴组合，那么便能制作出一个个大大小小的动物来，这种手工制作对儿童来说易懂又易学，更重要的是能由此培养他们的色块组合能力和空间想象力。

动物的花花衣 2

材料呈现：卡纸、绒布、丝带、彩色铅笔、剪刀、胶水

过程说明：

　　教师让幼儿帮助小动物们选择正确的皮毛或花纹。教师将花纹准备好，让幼儿进行选择来装饰小动物，然后幼儿与教师一起来看装饰的花纹有没有错误。教师在幼儿游戏结束后，可以介绍一些动物的花纹或皮毛的特点，教师也可让幼儿对动物的花纹进行归类等。

　　强烈的好奇心以及旺盛的求知欲是每个学前幼儿的特点，3 到 6 岁的宝宝会对身边周围的所有事物都充满好奇，他们会想要认识身边所有的东西，这其中也就包含了我们周围一些常见的动物，例如小猫、小狗、乌龟、兔子、小鸟等，所以通过有关动物花纹的游戏来向他们介绍动物的知识，幼儿会十分感兴趣。

教育价值：

　　幼儿通过观察比较认识我们生活中的常见动物，建立关于不同动物的概念，帮助幼儿加强对动物的认识，发展幼儿的观察认知能力，满足幼儿的好奇心和求知欲，使幼儿在平时的生活当中养成善于观察的好习惯，以及爱护小动物的良好行为习惯。

　　许多家长都会在周末休息时带幼儿进行动物园亲子一日游。老虎、狮子、河马、大象、狗熊、熊猫、长颈鹿、猩猩等数不过来的动物一定能让幼儿手舞足蹈。家长可以借机让幼儿把动物园内的各种动物和在电视里、书本上见过的动物做一下比较，让他们把两者关联起来，趁机把在幼儿园里学到的知识点复习一遍。在幼儿园里教师也可以通过一系列游戏告诉幼儿，动物们是多么可爱，它们喜欢在青翠的森林里成长，森林就是它们的家，我们一定要好好地保护森林，才能保护动物。培养幼儿爱护自然、爱护环境的意识。

雨天 1

材料呈现：卡纸、马克笔、剪刀、双面胶

过程说明：

首先，让小朋友们说一说自己和好朋友在雨中玩耍的快乐（活动前让幼儿看雨、感知雨、讨论雨等，获得一定前期经验）。

然后，让小朋友们听一听雨滴的声音，学一学小雨点是怎么唱歌的。

再利用废旧材料，通过敲打废旧材料，感受不同材质的物品敲出的声音，听听不同材质的物品发出的声音有什么不一样。

最后，给小朋友们讲一个小故事，让小朋友们感受小雨滴从天上落下来的不同心理过程，激发小朋友们的想象力。在老师的带领下，分小组在彩色纸上用马克笔画下小雨滴的形状，再用剪刀剪下，用马克笔画下小朋友们心目中小雨滴的表情，然后用双面胶贴在事先画好的小云朵下，张贴在教室的墙壁上。

教育价值：

这面主题墙的教育价值在于引导幼儿在雨天里寻找快乐。幼儿可以用手接雨，听水滴交响乐……充分体验、感受雨天带来的乐趣。与此同时，幼儿也了解了雨，了解了天气的变化，培养了乐于观察、乐于发现的品质。下雨的日子也会使幼儿感受到大自然带来的快乐，能更加亲近大自然，感受大自然的奥秘。与此同时，通过身临其境地感受雨滴的下落过程，充分发挥幼儿的想象力。幼儿在彩色纸上画出小雨滴，剪下小雨滴，再根据自己的想象画上表情，将小雨滴拟人化。作品可展现幼儿的童真与童趣，给他们自由想象的空间，从而使他们享受童年的快乐的同时，也锻炼了动手能力。

雨天 2

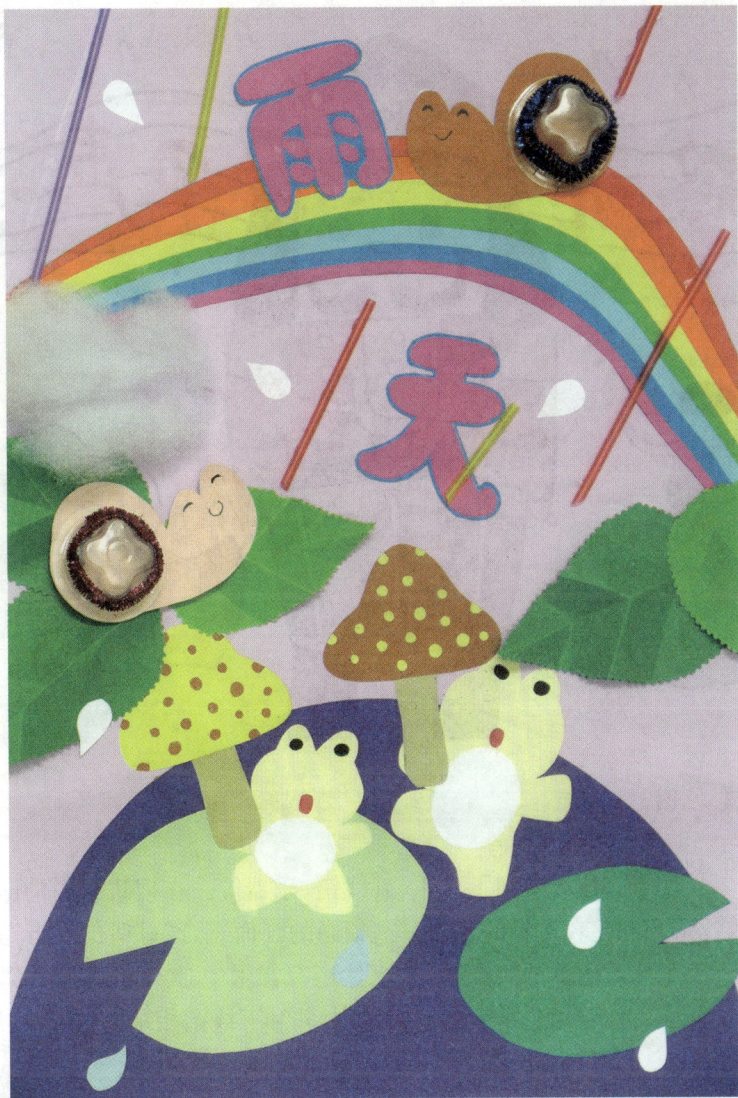

材料呈现：卡纸、彩色铅笔、果冻壳、扭扭棒、棉花、吸管、胶水、剪刀

过程说明：

    作品主要情节是雨后天空出现了彩虹，小青蛙在荷叶上哼唱歌曲，蜗牛出来觅食。整体营造出轻松安逸的氛围，给人以美感。

    该作品利用了果冻壳、扭扭棒、棉花、彩色卡纸、吸管等材料，把本有些沉闷压抑的阴雨天描绘成一幅欢乐歌唱的画面，引导告知幼儿阴雨天气也要保持好心情，在雨天也有不一样的乐趣，要学会调节自己的心情。

教育价值：

    作品最大的亮点是废旧材料的利用，采用了果冻壳、扭扭棒、彩色卡纸等做成一只活泼可爱的小蜗牛，彩色卡纸层层粘贴做成彩虹，看上去富有层次感，用纸雕的方法做成荷叶，使整个画面有跳跃性。整幅画面大致完成后再用废旧的吸管当淅淅沥沥的雨滴，废旧棉花做成云朵，给人以生动活泼的感觉，让幼儿对雨天有了全新的认识。

好听的声音 1

材料呈现：水彩颜料、彩色铅笔

过程说明：

　　"好听的声音"这一主题首先让人想到了音乐、五线谱、乐器等。在搜集材料的时候要考虑到幼儿的接受能力，选择卡通人物形象和比较常见的乐器。整幅画的画面符合"好听的声音"这一主题，画面上有一个造型可爱的玩偶和手上拿着乐器的两个孩子，当然还有音乐中必不可少的元素——五线谱和音符，这是好听的声音的关键所在。标题用艺术字的形式呈现，并和五线谱相结合，表现主题——好听的声音。

教育价值：

　　教育价值在于让幼儿感受到音乐带来的快乐，知道音乐和乐器之间的联系，懂得去了解、感受、欣赏各种音乐，并且学会去认识各种乐器，初步知道各种乐器的正确使用方法。通过可爱的人物引起孩子的兴趣，学习美术欣赏和评析的方法，丰富审美经验，体验美术活动乐趣，获得对美术学习的持久兴趣。在美术学习过程中，激发创造精神，发展美术实践能力，形成基本的美术素养，陶冶高尚的审美情操。

好听的声音 2

材料呈现：卡纸、马克笔、彩色铅笔、橡皮

过程说明：

我想用钢琴和快乐来表现"好听的声音"这个主题。

在构思"好听的声音"时，作品主题字体用空心艺术字体，在"好"上有爱心、在"的"中间有小熊装饰。

整幅作品中有一颗较大的爱心，中间有男生和女生一起游戏、聊天的画面，表现了两个人在一起的快乐，并且周围伴有"LOVE"字样，双边的大爱心有一对小翅膀。

在作品的底部是起伏的钢琴键盘，小朋友在从钢琴的黑白琴键流淌出的好听的声音中，散步、游戏、聊天。

教育价值：

这个主题墙的教育价值在于让幼儿通过观察、感受来欣赏、了解音乐，明白音乐能带来好听的声音，还能带来快乐，同时让幼儿养成欣赏音乐的爱好。

好听的声音 3

材料呈现:卡纸、钙塑板、彩色铅笔、胶片、剪刀

过程说明:

　　"好听的声音"包含了很多东西,各种各样的乐器,物品碰撞发出的声音同样也有好听的。声音这个主题的范围太大,就缩小范围,有一种声音是我们都非常熟悉的,那就是音乐。这里指明了是好听的声音,那目标就更明确了,好听的声音范围大,但好听的音乐范围就小了。音乐也分欢快和忧伤等很多种类,那我到底要用哪种呢?我想既然是以幼儿园为主要背景,那我还是应该选择快乐的、积极的音乐来表现。

　　在幼儿园中音乐教育也是非常重要的,要让小朋友看了我的剪贴画能对音乐留下正面的印象,这才是目的。所以整张画的主要情绪是欢快的,体现出好听的音乐会给人们带来快乐。然后我开始构思整张画。对于我们来说最熟悉的乐器就是钢琴,那我就想要把钢琴琴键作为背景。欢快的音乐首先让我想到的就是喇叭,两个小朋友吹着小喇叭,音符在他们身边跳舞,给人一种非常愉悦的感觉。然后我想两个小朋友是主要的人物那就要突出,所以用钙塑板作他们的底,显得更有层次感,人物采用了层层粘贴的方式,使人物显得更加生动。"好听的声音"这个标题我就放在了最上方,整幅画是竖着构图的,钢琴琴键用手绘的方式作为最大的背景,来承托整幅画。把"好听的声音"用艺术字编排进整张画中,我想象中的好听的声音就完成了。

教育价值：

通过画面中小朋友吹的喇叭、流淌着音符的钢琴键盘，让幼儿知道乐器能带来好听的音乐，诱导幼儿喜欢音乐，为今后音乐活动的开展做铺垫。

夏天真热啊！

材料呈现：卡纸、马克笔、剪刀

过程说明：

在制作的过程中，先根据主题的需要来选择好卡纸，然后将主题背景确定好，再将小部件一一地制作好。在制作的过程中注意色彩之间的对比与搭配，使作品能够让欣赏的人一眼就对作品感兴趣。在制作青蛙的时候，将每一只青蛙都用马克笔进行描边，这样会显得青蛙更加立体生动。为了将文字凸显出来，还将文字进行了包边，这样会让字体更加立体。作品中的人物采用了层层粘贴的方式，因为这样能够让画面中的小主人公更加具有立体感。

教育价值：

在一个炎炎夏日，两个小伙伴相约去湖中划船，并且还带上了他们的宠物狗狗。他们一起坐在小船上，穿行在布满墨绿色荷叶的湖面上，就像是穿行在一片碧波之间，两个小伙伴在这炎炎盛夏，享受着属于他们的快乐。湖中的荷花也开得正旺盛，随风摇曳轻舞，仿佛快乐的精灵。在荷叶上，蹲坐着许多小青蛙，它们有的在高声歌唱，仿佛在欢迎两个小朋友，有的则从水中露出两只眼睛，害羞地看着他们，有的被他们的动静惊吓到，干脆就跳入了水中，把自己藏起来。夏天虽然炎热，但是在这样的天气里，小朋友们仍然可以找到属于自己的快乐，没有因为天气影响了心情。希望每一个小朋友在不同的每一天都拥有愉快的心情。

画面通过颜色之间的对比，来凸显出夏天的自由、生机勃勃，让小朋友体会到夏天是怎样一种景象。小朋友们可以外出游玩，感受夏天的气息和夏天给他们带来的欢乐，使他们能够进一步地亲近大自然、了解大自然，增长他们的知识。

学本领 1

材料呈现: 卡纸、胶水、双面胶、剪刀、铅笔和橡皮

过程说明:

主题"学本领",学本领可以是肢体上的也可以是知识上的,通过作品让小班幼儿了解苹果的特征以及掌握手口一致的点数的本领。

苹果是最常见的水果之一,但是小班幼儿可能并不知道苹果长在哪里,所以通过这个作品的展示可以让幼儿知道苹果是长在树上的,并且可以让幼儿在作品中感知苹果的颜色大小等特征,苹果有的大、有的小,有的是红色的、有的是绿色的,也可以锻炼幼儿手口一致地点数,同时也可以引导幼儿按照苹果的大小特征进行分类。

确定作品的底色,这里选择亮黄色。由于画面色彩丰富,所以底色要干净、明亮。第二步是确定作品中物体的比例大小,大树是作品中比例最大的,通过画、剪、层层粘贴的方式制作完成,在制作大树的过程中注意留出树洞的位置。第三步是制作人物形象,分别用彩色卡纸塑造各个人物形象,也是采用画、剪、层层粘贴的方式,人物形象要注意脸部神态的生动、可爱。第四步是制作篮筐和小推车,按照人物的大小来调节小推车和篮筐的大小。接着是制作树叶,树叶选择深绿色和浅绿色互相搭配。最后是制作苹果以及一些小物件,制作苹果的时候要注意大小不一、颜色有红有绿。

在所有物件都制作完成的时候,先在画面中摆放一下,确定它们的位置,不要过早地就固定住,当确定无误后再把它们组合粘贴在画面上。首先把大树固定住,再把树洞中的人物固定住,粘贴的时候用双面胶或者胶水。然后依次把树周围的人物、小推车和篮筐粘贴好。接着先把树叶都粘贴在树上,随后把苹果粘贴好,把一些苹果粘贴在树上、一些粘贴在小推车和篮筐里,一些粘贴在人物手中。最后把一些小物件都粘贴在各自的位置上,这样一整幅作品就完成了。

教育价值:

瑞吉欧教育理念强调:"空间具有教育内涵。"在班级开展主题活动中,空间的设计倾向于将所有与主题活动有关的事物结合起来,尽可能发挥有用空间的作用。这幅作品有较强的引导性,从画面意思上强调了"用行动来收获"的寓意,引导孩子在主题开展过程中,通过自己的探索和实践去丰富主题墙面内容。优秀的环境是让环境会说话,小班的孩子能从浅显、卡通的画面中读懂,教师再进行引导。让主题墙成为一个学习共同体,来支持活动的进一步开展。

学本领 2

材料呈现：卡纸、铅笔、橡皮、马克笔

过程说明：

　　小女孩趴在书桌上画画的形象，可以直观地让幼儿了解到本次的主题"学本领"。虽然在左上角有清楚的"学本领"三个字，但是考虑到幼儿的识字能力和理解能力，所以还是决定用更加直观的画画写字的形象来诠释"学本领"。

　　其次是环境布置的内容，在本次的环境布置中，我把标题和画画的小女孩用黑白色来表现，在中间部分，我用彩色马克笔来完成，因为我觉得这样黑白会有对比，产生一种吸引力。

　　关于中间彩色部分，第一，我选择彩色的原因是在视觉上产生对比。第二，用彩色来诠释"本领"，可以让孩子觉得更加有趣，让孩子学本领的欲望更强，产生求知欲。第三，中间的一块地方，我主要用简单的"abcde"、"一丨丶丿"、"12346789"、"＋－＊／"等符号和简单的乐器等组成，并且用彩色来描绘，让人感到很生动活泼。第四，在我的环境布置中，我只画到了中间一块和偏上一块，周围地方留白。我这么做的原因是，我想让幼儿自己在上面作画，展示自己学到的本领。比如说，今天一个幼儿学会了英文字母 a 的书写，那么他就可以自己在环境布置上画画，证明自己学到的本领，这样的话，既可以让别的幼儿看见小伙伴的学习成果，在互相竞争中进步，也可以向家长和其他教师展示学习成果。

教育价值：

　　通过主题墙创设激发幼儿的求知欲，认识一些简单的数学运算符号、字母、汉字笔画等。

好朋友

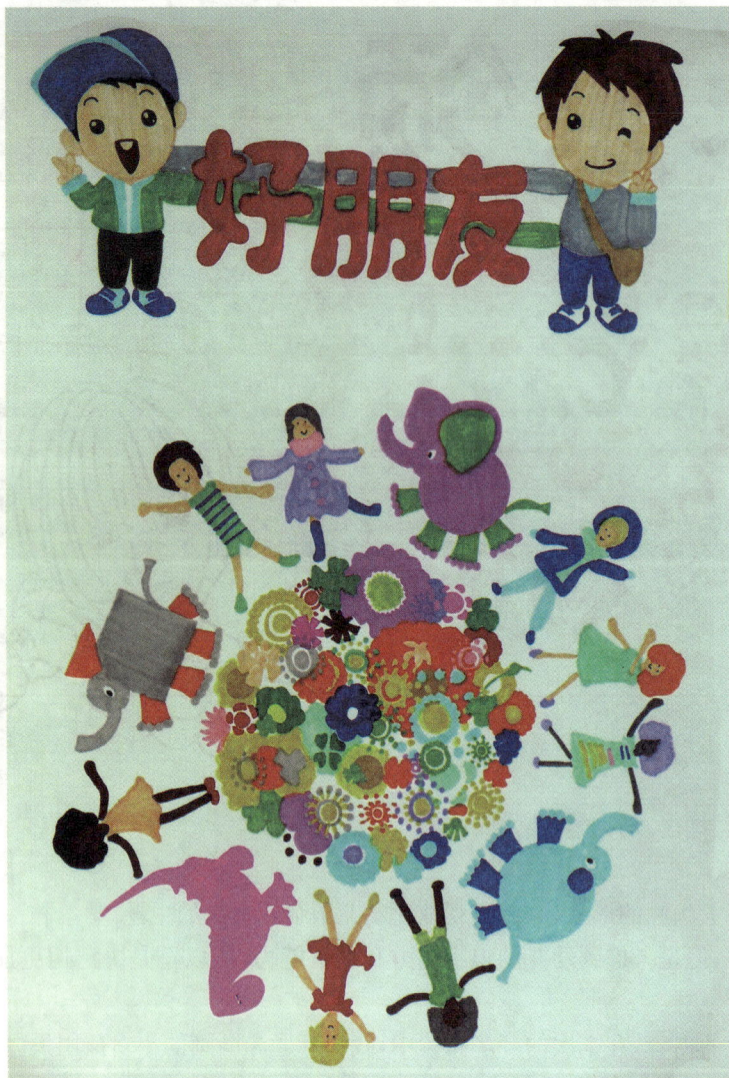

材料呈现：卡纸、钙塑板、剪刀、双面胶

过程说明：

在主题活动中，孩子们学习了歌曲《找朋友》，同时通过拓展活动了解到：地球村不仅有黄皮肤的中国人，还有与我们同住在一片天空下的不同肤色的外国友人；不仅有人类，还有动物与我们为邻。我们将这些"好朋友"元素组合在一起，围成一个圈，用各种各样颜色各异、形态万千的花朵簇拥在一起表现美丽的地球村，呈现出与朋友在一起快乐得手舞足蹈的画面。

在制作过程中采用绘画和拼贴的方法，为了使画面结构更清晰，在画面上方采用 POP 字体的文字呈现主题——好朋友。

教育价值：

这个主题墙的教育价值在于让幼儿了解好朋友不局限于自己身边的小伙伴，还有与我们生活在同一天空下不同肤色的外国友人。同时，走进大自然，与动物们相处，会发现它们并不像我们想象中的凶残，也有友好的一面；将"好朋友"的内涵延伸，在主题意义上做了升华。

小兔乖乖 1

材料呈现：钙塑板、卡纸、剪刀、美工刀、直尺、双面胶、乳白胶、铅笔

过程说明：

看到"小兔乖乖"这个主题就想起一首儿歌"小兔子乖乖，把门儿开开……"，设想小兔子在家等妈妈的情景，以此创设主题墙。

需要制作的部件：

1. 制作小房子：先在白色的纸上画出房子形状剪下来制作模板，然后翻过来放在黄色的钙塑板上，画出轮廓，剪下；将房子的模板剪开，分成屋檐和墙壁，将屋檐的模板附在红色的钙塑板上，剪下；用双面胶将两块钙塑板粘在一起；用同样的方法做出窗户，但做窗户的时候，中间要镂空的，用美工刀刻出，粘在相应的位置上；再用橘黄色的纸剪出门的样子粘上。

2. 小兔子：同制作小房子的方法一样，这里要注意的是，小兔子的镂空部分比较难制作，可以先在白纸上画好，然后附在钙塑板上刻制，这样就不会弄破镂空部分边缘。

3. 胡萝卜和小黄花：这里是以小路为分界，小路左边的胡萝卜用钙塑板来制作，小黄花用卡纸来制作，而小路右边的小黄花则用钙塑板来制作，胡萝卜用卡纸制作。因为左边的房子是立体的，所以离得近的小黄花是平面的，这样就不会显得画面拥挤，从而突出主题，但又不会忽视左下角的胡萝卜。右边也是同理，胡萝卜和小黄花就有两种不同的视觉效果了。

4. 其他的东西：草堆、道路、树木和云，用卡纸来制作。

最后把打印好的主题剪下，将所有的东西都摆好，用双面胶和乳白胶粘在天蓝色的卡纸上，这幅主题墙就完成了。

教育价值：

没有过多地使用很复杂的层层粘贴的方法，因为小白兔的形象给人比较纯洁的感觉，如果用了过多的突出衬托就显得太复杂了。此作品可用于主题活动下的故事《小兔乖乖》的表演背景，如角色游戏中的小舞台也可将此主题墙用作背景幕布。幼儿通过简单明了的墙面环境能更快地进入游戏中，为幼儿的具体形象思维提供了摇篮。

小兔乖乖2

材料呈现: 彩色铅笔、水粉颜料、卡纸

过程说明:

看到"小兔乖乖"就让人们想起在幼儿园时老师教过的一首儿歌:"小兔儿乖乖,把门儿开开,快点儿开开,我要进来,不开不开,我不开,妈妈没回来,谁来也不开。"说的是一只大灰狼趁兔妈妈外出,想骗三只小兔子开门后吃了小兔子们的故事。

这幅画的主角定为一只大灰狼和三只小兔子。背景自然是在一个森林里,大灰狼的行动需要隐藏的地方,悄悄地、慢慢地接近目标,所以在画纸的左侧画了一只大灰狼躲在房子外的草丛中,除了可以躲避的草丛,还需要昏暗的光线使其不易被发现。在画纸的上方是傍晚时的树丛,昏暗中隐隐约约又有着一些光芒。而在画纸的另一侧则是灯光明亮、气氛温暖的小兔子家,三只小兔子趁妈妈不在,正偷吃着零食。用简单的线条画出房子的形状,在房子里画了三只开心玩耍、无忧无虑的小兔子在争抢胡萝卜。大灰狼与小兔子们形成了鲜明的对比。

教育价值:

画中欢乐的小兔子们就是生活中的小朋友们,而大灰狼就是生活中破坏美好事物的人或物。讲故事是由语言通过听觉让小朋友们知道和了解善恶好坏,并学习小白兔们赶走大灰狼时的聪明与机智,并且告诫小朋友们,一个人在家的时候千万别给陌生人开门。摸不着、看不到的语言比不了可见的图画,而图画更为直接与真实,可以看到大灰狼和小白兔长什么样子,一方面丰富了小朋友的安全知识,另一方面还通过色彩、线条、明暗等使故事中的主角形象生动,丰富了故事的情境。图画是有色彩的,色彩更能吸引小朋友的注意力、激发他们的兴趣,使他们想主动了解故事内容而不是被动地听故事,在内容记忆方面图画更易被吸收,会比语言更适合小朋友。

培养幼儿的审美也是非常重要的,欣赏图画就是其中一种途径,在掌握知识、丰富经验和艺术欣赏方

幼儿园教育环境创设／24

面都有一定的提升。我们可以在教学中更多地运用美术作品来丰富教学内容。

苹果和橘子 1

材料呈现：卡纸、钙塑板、剪刀、花纹剪刀、美工刀、线、白乳胶、双面胶、彩色水笔

过程说明：

1. 准备白色卡纸，用剪刀剪出 3 片同一形状、大小不同的云，展现出层次感，层层贴在底板的左上角。

2. 准备绿色暗纹卡纸，用剪刀剪出叶子的形状，同时剪出每片叶子边缘的齿纹。

3. 准备棕色瓦楞纸，用剪刀剪出树的形状，用双面胶粘贴在画面左侧。

4. 准备红色卡纸，用剪刀剪出苹果的形状，剪出 3 个大小不等的大苹果将其粘贴在适当的位置。

5. 准备所需的各色卡纸剪出 9 个小苹果贴在画面的左下角，并用彩色水笔画出苹果树的干。

6. 准备所需的卡纸，用美工刀刻出梯子和窗户的形状。

7. 准备所需的卡纸，用剪刀剪出两个小姑娘，用双面胶进行层层粘贴，组合在一起之后将其粘贴在适当的位置。

8. 将橘色钙塑板剪成圆形，用彩色水笔画出橘子树的树干和斑点。

9. 准备金色卡纸，用美工刀刻出苹果和橘子五字，并将其粘贴在整个画面的右边。

教育价值：

利用苹果和橘子告诉幼儿苹果和橘子的主要特征，比如颜色、形状等，同时借助这两样水果提醒幼儿，画面中两个小姑娘在摘橘子，丰收时节到了。每到这个时候农民伯伯就会不辞辛劳地在果园摘水果，所以，幼儿在吃水果的时候不能浪费，而且多吃水果有益健康，有句话说得很好：每天一个苹果，医生远离我！

苹果和橘子2

材料呈现: 卡纸、马克笔、剪刀

过程说明:

用"苹果和橘子"体现友情,画面由一根红线连接,青蛙和小朋友各拿一端,红线上的东西是两个好朋友一起喜欢的、一起玩过的、一起分享过的东西,这可以使幼儿体会到和朋友一起玩的乐趣,珍惜友谊。两个好朋友各站在画面的上下两端,红线上呈现的是各种各样的东西:花、鸭子、小鱼等,画面风格十分可爱,也可以使幼儿了解大自然各种事物的特征,体会到大自然的精彩,进一步让幼儿爱上大自然。

苹果和橘子是画面中两个人物友情的见证,是两者之间共同拥有和分享的东西,这样的画面可以使幼儿明白:好朋友之间好东西是要相互分享的,如果好朋友想要玩自己的玩具的话,应该给朋友玩一会,要学会分享,这也是幼儿成长中十分重要的一部分。

最后,整个画面色彩丰富多样,十分生动,这可以启发幼儿对于色彩的理解。在平时画画时,使得幼儿对于色彩的运用更加灵活多样,并不只是局限于几种固定的颜色搭配,诱导幼儿对于色彩的想象力。

教育价值:

这幅画的教育价值在于让幼儿通过观察、感受,明白好朋友之间一起玩的时候要分享各自拥有的好东西,这样才是真正的好朋友。

娃娃家 1

材料呈现：卡纸、钙塑板、折星星的纸、胶水

过程说明：

"娃娃家"在幼儿园中是象征活动和角色游戏的区域活动。在这里,幼儿有机会把他们看到的和经历过的人和事结合在一起并表现出来,装扮成他们经历过的情景中的人物能帮助幼儿理解成人的世界。

这里用一张全家福的剪贴画来贴合主题,但这里没有直接用人,而是改用了拟人化的动物以增加趣味。熊猫的样子憨态可掬、惹人喜爱,而且熊猫又富有浓郁的中国气息;另外,用动物的形象不仅增添了趣味,更体现出一份童心,在孩子眼中的世界是与成人眼中的世界不一样的。

画面中,熊猫爸爸、熊猫妈妈和小熊猫牵手的样子让人感受到家庭生活的幸福与美满,熊猫妈妈的温柔美丽,熊猫爸爸的高大帅气,小熊猫的活泼可爱,用粉色的爱心作为背景更是温馨。画面中的字体没有直接用中文,考虑到趣味性的同时,幼儿能够认识比较简单的英文单词。颜色多用粉色、红色显示出家人之间浓浓的爱意。人物的周围再用星星摆成爱心,为柔和温暖的画面增添了一抹亮色。

教育价值：

幸福的一家人,有熊猫爸爸、熊猫妈妈和小熊猫快乐地生活在一起。在每个家庭中都会有一张全家福挂在客厅或摆在家中的某处,显示出家庭的和睦与温暖,让幼儿知道无论遇到什么都会有家人的守护与关爱。

娃娃家 2

材料呈现: 马克笔、彩色铅笔、卡纸

过程说明:

　　对幼儿来说,家是最美丽的地方,不管遇到什么不开心的事,说到家,幼儿们就会多一份温馨与向往。对于入园不久的小班幼儿来说,家是他们最熟悉的地方,浓浓的亲情会使幼儿感到安全、温暖。本作品以幼儿角度,描摹幼儿园角色扮演中的各类角色和场景。为了使画面清晰、符合幼儿的审美,此画分为4个板块:医院里的护士、值得尊敬的邮递员叔叔、卖章鱼小丸子的小吃店、幼儿熟悉的厨房。

　　第一个板块是打针,幼儿一般都是不喜欢护士的,因为护士会给他们打针、挂盐水。为了消除幼儿对护士的误解,我将一个可爱的护士呈现出来,拿着很大的针筒,在地上还有一个听诊器,想告诉幼儿其实打针不可怕,只是为了让宝宝们的病快点好起来,这样就可以去下一个板块吃好吃的章鱼小丸子了。

　　第二个板块是章鱼小丸子,很能吸引幼儿的注意,幼儿都是小馋猫,会喜欢各种小吃,在角色扮演买小章鱼丸子的过程中,能体会到买和卖的意义,又能知道东西是要用钱来交换的。

　　第三个板块是厨房,厨房是每个家庭都有的,但是为了安全起见,幼儿都是不被允许进厨房的,所以厨房对幼儿的吸引力也是很大的。幼儿爱吃的东西都是妈妈在这个充满爱意的地方做出来的,很多幼儿都喜欢扮演厨师,可以像妈妈一样做出美食跟家人分享。

　　最后一个板块是正在送信的邮递员叔叔,我用了可爱的娃娃形象来描摹邮递员叔叔,可爱的信纸随意飘飞,邮递员叔叔很辛苦,但是也很快乐。

教育价值:

　　娃娃家可以使幼儿创造性地表现自己的想象和情感,培养他们的角色意识,并发展与角色相关的情感和责任感,还能够丰富幼儿的交往策略,提高他们解决问题的能力,培养他们与同伴合作的能力。最主要是能够发展相关的生活自理能力和操作能力,懂得游戏规则,知道规则的重要性并按规则游戏,从而体验到游戏的快乐。

娃娃家 3

材料呈现：卡纸、瓦楞纸、钙塑板、不织布、双面胶、彩色铅笔、胶水、剪刀

过程说明：

这幅剪贴画的主题是"娃娃家"，对于小班的孩子来说，家是他们最熟悉的环境之一，在进行教学活动时也比较好开展，相应地对于这个主题的墙面布置，也是选取幼儿在家中熟悉的地方——客厅。客厅里物品较齐全，适合小班幼儿来学习。在制作过程中，我最先做的是三座房子，代表的是每个幼儿的家，接着是通过小房子来引出客厅的样子。在制作客厅时，我先通过卡纸拼贴出房间，使画面更加真实立体。在客厅里有电视机、板凳、沙发、地毯、桌子等，为了更突出孩子们生活在现代化的公寓里，我还用卡纸制作了一个电视背景墙，使画面更丰富。另外，沙发、电视机、凳子等主要是用瓦楞纸来制作，因为小班幼儿需要有更大的视觉冲击力，瓦楞纸相对于其他的纸张，更加容易吸引住幼儿，也方便学习。最后因为缺少人物，因此我用不织布制作了两只形象可爱的兔子和一个小男孩来代表幼儿。

教育价值：

教育价值是通过还原客厅的样子，来学习物品的正确名称。另外，因为主题是娃娃家，还可以通过这个墙面作为玩娃娃家的背景，让幼儿进行角色扮演，如"朋友来做客"、"我在家的一天"、"我的爸爸妈妈"等，让主题墙有多种用途。

小宝宝1

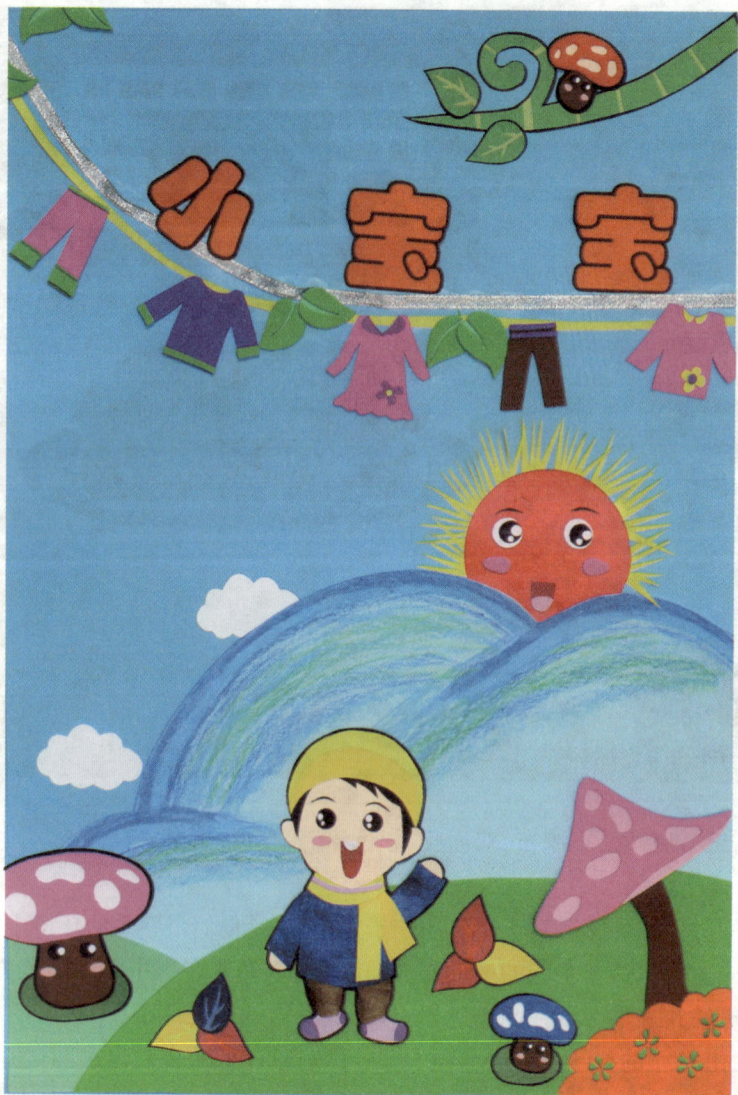

材料呈现：卡纸、钙塑板、油画棒

过程说明：

"小宝宝"作为小班的学习活动，它的活动目标是认识自己。这幅美术作品一来符合年龄较小的儿童的心理特点：喜欢色彩鲜亮、具体形象的东西；二来也方便孩子们直观地找到属于自己的东西，对于墙面设计的注意时间会保持更长。

对于如何能够完整地体现教育目标，我在比较多种方案后，取长补短，对一些内容做了增删。同时，在色彩方面运用幼儿喜欢的明亮色，有冲击感的撞色。

在本剪贴画作品中，通过认识男生和女生不同的着装，既可以作为幼师在课堂教学中的教学内容，也可以让幼儿在个性化发展的过程中完成性别认同，教师可以提供记录本，记录幼儿的发展轨迹。

教育价值：

性别认同是个体对自己性别状态的认识、理解或者自我意识。小班幼儿处于性别认同的形成和模仿学习的重要时期。因此，在小班开展幼儿性别认同教育是很有必要的。其中，教师作为施教者，在幼儿性别认同教育中扮演着重要角色。幼儿的性别认同是通过模仿、直接接受或替代性强化而获得的，就是说，幼儿教师让幼儿通过模仿观察来达到性别的自认，如果教师没有及时纠正或指导幼儿性别认同，幼儿对性别认同的偏差就有可能从单纯的外在偏差内化到错误的性别认识。因此,树立正确的模仿对象,利用墙面布置指导幼儿进行性别认同。

小宝宝2

材料呈现:卡纸、水彩颜料、马克笔

过程说明:

将"小宝宝"这个大主题分成几个小主题,通过展示作品图,配合老师的讲解,对幼儿进行身体知识和生活常识教育。

首先,通过作品中的宝宝洗澡,可以帮助幼儿认识自己的身体。让幼儿从头到脚地了解身体各部位的名称以及功用。教师带领幼儿做"点鼻子点眼睛"的游戏,要求幼儿迅速准确地指出五官及身体部位。

其次,引导幼儿讨论五官、身体部位的作用,每说一个作用,要做出相应的动作,如鼻子闻味,引导幼儿做出闻一闻的动作,让幼儿眼睛眨一眨、耳朵听一听、鼻子闻一闻、肩膀晃一晃、小手拍一拍、小脚踏一踏等,以此培养幼儿手口一致的能力。

接着通过谈话导入"宝宝爱洗澡"这一小主题,通过作品中洗澡的小宝宝对幼儿进行提问,如"小宝宝在做什么?"、"小宝宝在用什么东西洗澡?"、"为什么小宝宝要洗澡?",一步一步引发幼儿思考,让小朋友通过图片受到启发。让小朋友们知道平时玩耍时很容易出汗,滋生出一些细菌,所以就要通过经常洗澡,将这些"病毒小子"都统统都洗掉,这样就不会生病了。讲解正确洗澡的方法,让小朋友们学会如何洗澡,做一个爱讲卫生、勤洗澡的好孩子。

随后引导幼儿观察洗澡过程中产生的泡沫以及地上的水,让幼儿知道踩到这些水我们会摔跤、滑倒,让幼儿告诉爸爸妈妈要及时把这些水擦干。

教育价值:

通过"小宝宝"这个大主题带出来的小主题,一步步引导幼儿了解生活中的许多知识。通过介绍以及认识身体,帮助幼儿初步认识自己的身体器官,并了解身体各部位的名称、功用。培养幼儿初步的发散性思维和手口一致的能力。通过介绍洗澡让幼儿养成勤洗澡、讲卫生的好习惯,并在洗完澡后把地上的水擦干,避免滑倒。在观察作品的过程中也培养了幼儿的观察力、思考力以及联想能力。

小司机

材料呈现:卡纸、彩色铅笔、马克笔、铅笔、橡皮

过程说明:

　　用自己的创意想象描绘出小司机接送小朋友上学的场景。用铅笔打底稿,用彩铅和马克笔上色。司机用传统的深蓝色,车子用明亮的橘黄色和黄色,绿色的草坪上画上数学运算符号和字母;用艺术字写出"小司机"三个字,粉红至黄色渐变,立于紫色云彩上;最后用黑色马克笔勾线,完成整幅画作。

教育价值:

　　让幼儿通过观察,感受、了解司机的工作内容,接触司机这一职业。让幼儿勇于尝试各种材料、工具和制作方法,学习美术欣赏和评析,丰富审美经验,体验美术活动乐趣,获得对美术学习的持久兴趣。在美术学习过程中,激发创造精神,发展美术实践能力,形成基本的美术素养。

　　通过观察,了解车子的外形和特征,以及后视镜、方向灯等车上部件的作用。夸张放大的小司机形象,突出主题人物,使幼儿加深记忆。用小动物代替幼儿作为车上的乘客,生动可爱,小猪和小黄鸭的可爱形象可以使幼儿记忆深刻。紫色的云彩营造出梦幻的感觉,加上"小司机"三个艺术字放置于云彩之上,用粉色到黄色的渐变效果来呈现艺术字。另外绿色的草坪上的加减乘除等运算符号,起到寓教于乐的作用。

　　小司机这一主题能让幼儿接触到司机这一行业,让幼儿了解到司机的职责是安全地接送人们去想要去的地方,小司机面带微笑,能让幼儿对司机充满亲近感,在以后的生活中能友善对待他人。幼儿还可以结合已有的生活经验,联系画中的人物形象作出自己的想象创意,引导幼儿画一幅关于司机的作品或者进行小司机的游戏,可仿照主题墙上的画进行游戏。

熊的故事

材料呈现：卡纸、马克笔、水彩颜料、水彩笔、彩色铅笔

过程说明：

从"熊的故事"这个主题进行分析，要构建出和谐可爱充满童趣的画面，适用于小班年龄段的儿童。

第一步，先用铅笔画出小熊的造型，动物造型要活泼可爱，富有童真。画出沙滩，在上面点缀一些海星、螃蟹，让沙滩更加鲜明突出。作品的中间是一片大海，海那边的景物有灯塔、轮船、大树等。

第二步，上色。先用马克笔画出画中的主角——小熊。小熊挥舞着双手，仿佛在和远处的大海打招呼，右手挥舞着脱下的外套。小熊的衣服要用鲜艳的色彩，引起幼儿的观赏兴趣。在小熊的两侧写出主题"熊的故事"四个大字，用橙色和黄色两种鲜亮的色彩，与图中的暖色调相呼应。再用马克笔浅浅地画出远处的景物，映衬主题，注意不要与主要景物产生冲突。大海和沙滩分别用水彩上色，有深浅色差的变化，引起幼儿的视觉兴趣。大海的颜色要较为鲜亮，它是这幅画主要的色调。

第三步，整体调整，弥补不足。

教育价值：

作品设定的故事是一只小熊站在海滩上看大海的场景。远处蓝蓝的大海与天空交相呼应。远处的海鸥、轮船、灯塔营造出很和谐的氛围，孩子能在这样的画作中感受到一种放松和愉悦的心情。蓝蓝的大海、洁净的沙滩，让孩子建立起环保意识。孩子们可以像图中的小熊一样，健康快乐地成长，向着自己的梦想前进。

第三节　中班主题环境创设

一、环境创设的方法和途径

中班的主题墙表现形式不仅仅停留在用照片记录的方式,由于中班的孩子能力有了明显的提高,能够自主地用丰富的形式表达和表现自己的想法,因此在主题墙创设方面,教师要为幼儿提供更多的空间和平台,建立一个学习共同体,其意义在于引导和激发全班幼儿互相学习、分享经验、分享智慧、共同提高。教师可在活动之前根据幼儿的兴趣点组织主题活动内容,在教学过程中细致捕捉有价值的线索,考虑各种发展的可能性,挖掘主题教育的潜在价值。在创设过程中,可以对幼儿提问、观察幼儿间的交流、收集有价值的作品,以此对主题活动开展的经验进行归纳和梳理,从而帮助幼儿建构和巩固知识体系。

例如,中班"在秋天里"的主题活动中,主题的内容和要求是:(1)感知秋天的季节特征,观察各种动植物的变化。(2)了解在秋季人们如何收获农作物,乐意参加各种收获活动,体验丰收的喜悦。孩子在这个主题中会有机会外出踏青,或是在园所的小道上认识许多树朋友、叶子朋友。在有了丰富的感性知识后,开展一次集体教学活动"树叶图画",孩子们在细致入微地观察叶子的形状和色泽后,用彩笔画出五颜六色、姿态各异的叶子;在自己收集来的叶子上进行艺术再创造,如在画纸上用不同形态、不同颜色的叶子剪贴出作品。主题墙是集体教学活动中不可分割的一部分,有时是活动的起始,有时则是活动的延伸,两者互为一体又互相促进。

二、创设要求

1. 丰富主题墙的领域性:主题墙不是作品墙,教师要平衡各个领域的学习过程,可对主题活动中适宜的领域稍作偏重。

2. 增加内容的广度:在学习过程中,有的孩子由于生活经验丰富会呈现出一些提纲之外的内容,教师要及时地抓住,在主题墙上进行呈现,引导孩子拓宽眼界,激励孩子积极探索,但这只是主题墙内容的一小部分,不可喧宾夺主。

3. 实现墙面立体化:由于内容丰富,教师可以用立体的呈现方式。

4. 形式的多样化:由于孩子的能力在逐步提高,教师可以让孩子用绘画、手工制作的方式表现思考过程,探索活动也可用"调查表"的形式延伸至校外。

三、思考与实践

1. 在创设中班主题墙时,教师要注意哪些要点?

2. 以"在动物园里"为主题,制作一份主题墙。

要求:有个性化的、符合主题内容的墙面框架;能清晰地划分主题墙的内容;能选择适宜的形式表现。

四、教学图例

寒冷的冬天 1

材料呈现：水彩颜料、卡纸、蜡笔、彩色铅笔、胶水

过程说明：

一说到寒冷的冬天，我们第一个想到的有关于冬天的事物就是雪。所以在最初的构思中，整幅画面都会出现雪这个关键的事物。围绕着三个分主题——"冰和雪"、"冬娃娃"、"不怕冷的树和花"分工查找资料。最终决定利用三张深蓝色的卡纸组合拼成一个大场景，主题就是"寒冷的冬天"，三张卡纸的内容都紧密相关。

以剪贴为主、绘画为辅的制作方式来完成这幅画。把左边的卡纸定为分主题"冰和雪"，正中的卡纸定为分主题"冬娃娃"，右边的卡纸定为分主题"不怕冷的树和花"。在分主题"冰和雪"中，主要场景是一条长长的冰河，还有几块冰块漂浮在冰河中，我们利用剪贴的方式来制作冰块，以增加立体感。在分主题"冬娃娃"中，主要的场景是两个雪人，在雪人后方有一排松树陪衬，增加画面的层次感。在分主题"不怕冷的树和花"中，主要的场景是松树和梅花，以呼应分主题。

利用艺术字体打印的方式，把分主题"冰和雪"、"冬娃娃"、"不怕冷的树和花"的艺术字打印出来，并留白边剪下，贴在每幅分画的正中上方。把主题"寒冷的冬天"的字体打印出来，并留白边剪下，贴在三幅画的正下方。留白边的方式更能凸显字体，不会被掩埋在画面中。

最后，运用白颜料，在整幅画中虚虚实实地点上冬天的关键物——雪——作为整幅画的背景，并画上雪花作装饰。

教育价值：

在南方，冬天是很难看到雪的，就算下雪也不可能利用积雪制作出完整的雪人。所以我们制作出这幅画，让幼儿看到不同于南方的冬天。同时，在画中出现的松树和梅花，让幼儿知道什么植物可以在冬天留住绿意、保持美丽，让幼儿能够继续探讨并且了解冬天。

寒冷的冬天2

材料呈现: 彩色纸、剪刀、卡纸、胶水、海绵纸、亮纸片、布

过程说明:

"寒冷的冬天"下有三个小主题:"冬娃娃"、"冰和雪"、"不怕冷的树和花"。

首先制作的是在"冬娃娃",先构思场景:一名幼儿正在雪地上玩雪和堆雪人,在铺满白雪的大地上玩耍,尽享玩雪的愉快。画的左边画上一个雪人,右边一个幼儿在玩雪,用白色的卡纸代替雪地,雪人和雪地都采用剪贴画的方式进行创作,用布来做站牌,这样一幅画就完成了。卡纸底色选用藏青色,在左上方贴上主题"冬娃娃"。

接着做的是"冰和雪",选用白色的卡纸做雪地,在雪地上有幼儿喜欢的卡通人物高飞、米奇、布鲁托在打雪仗,一幅愉快的画面。首先画出米奇的草图,根据草图进行剪贴,用明亮的颜色来给米奇的衣服上色,用同样的方法制作高飞和布鲁托,并把它们剪贴在背景上,最后用剪刀剪出主题"冰和雪"三个字并贴在藏青色的卡纸上。

最后做的主题是"不怕冷的树和花",画面上有两棵树和一些花,在两棵树上还有一些小动物,虽然在冬天一些动物会冬眠,但树干里还住着小动物,说明树是很暖和的。在旁边还有一些漂亮的花,让整幅画显得很有生机,接着剪出主题"不怕冷的树和花"七个字,贴在卡纸上。

教育价值:

通过本主题让幼儿对冬天有更深的了解,知道在冬天同样可以享受四季变换给我们带来的快乐。在冬天我们可以做很多不同的事,诱导幼儿展开讨论:在冬天我们还能做什么?

春天来了

材料呈现：卡纸、彩色铅笔、水彩颜料

过程说明：

我们的"春天来了"有四个小主题，有"春游去"、"在园地里"、"蜜蜂，蝴蝶和蝌蚪"、"小鸟飞来了"这四个主题分别有不同的场景。

在"春游去"中，我们把画面设定在郊区，画面上绿意盎然，四周长满了绿绿的小草，还有可爱的小花，里面的人物戴着草帽，背着小包，手里拿着捕虫用的竹竿向前走着，整张画面都充满了生机。

在"在园地里"中，我们将地点设定在了郊外，有绿色的草丛、粗壮的大树，在园地里有很多植物，也有很多动物，我们的人物在园地里散步，后面跟着一只小白兔，一蹦一跳，十分有趣。

在"蜜蜂，蝴蝶和蝌蚪"这一主题中，这三者是主角，为了让这三者同时出现，我们将画面选择在池塘。池塘里有荷花、荷叶，水下有小蝌蚪自在地游着，荷花的香气将蜜蜂和蝴蝶吸引了过来，在河面上翩翩起舞，一派勃勃的生机。

在"小鸟飞来了"中，我们设计了一扇打开的窗户，窗户外面有石板路，有长着花的花盆，显然一副宁静家园的感觉，这个时候飞来了一只小鸟，唧唧叫着，为这幅画面平添了几丝生机，显得更为活泼生动。

教育价值：

这个主题墙的教育价值在于让幼儿通过观察、欣赏、感受，了解在春天到来的时候有什么特点，可以去做些什么事。让幼儿知道，春天时可以去郊游，感受一下春天的气息，也可以在郊外抓几只小昆虫进行观察。通过画面，也可以启发幼儿思考春天会有什么动植物。最后一幅画面可以使幼儿明白蜜蜂、蝴蝶和蝌蚪的特点，像蜜蜂和蝴蝶喜欢什么，蝌蚪长什么样子，这三者又是分别生活在什么地方等，在让幼儿了解春天的同时也让他们爱上春天。

好吃的食物 1

材料呈现：卡纸、铅笔、橡皮、马克笔、剪刀、固体胶、双面胶

过程说明：

　　构思以"好吃的食物"为主题的环境布置。在"好吃的食物"大主题下分为四个小主题，分别为"营养餐厅"、"食品店"、"吃果果"、"买菜"。

　　主题"好吃的食物"，首先我们先确定用小女孩为本主题的主人公，围绕小女孩生活中的一些日常事物来展示"好吃的食物"。从总体来看，中心是食物。

　　第一，是小主题"营养餐厅"。小女孩和小男孩一起坐在餐桌前，更加的直观，而且在餐桌上食物的选择也是经过我们考虑的。我们按照膳食宝塔选取了各种食物、水果，以求做到营养均衡。

　　第二，是小主题"食品店"。小女孩在货架前选择食物，在这个场景中，幼儿可以想象自己在货架前选购，选取自己喜欢的食物，以增加娱乐性和互动性。

　　第三，是小主题"吃果果"。小女孩的帽子上有各种水果，手里还拿了一个苹果，意思是水果对我们有好处，我们应该多吃水果。

　　第四，是小主题"买菜"。奶奶去超市买菜，这个场景与食品店的设计思路相同，都是在选择食物时增加娱乐性和互动性。

教育价值:

  在这四个小主题中,有两个购物的环节——"食品店"和"买菜",所以我们设计的时候,所有的食物及蔬菜,都是可以自由取下的,这样就可以让幼儿选取食物、水果。在每个主题教育的环节下,增加幼儿的动手能力,也使环境布置在增加了美观性的同时增加了实用性。

  在整体的设计中,我们还用四个圆来展现小主题,然后把四个圆拼成大主题,这样可以使每个主题都有自己的独立性,并且在拼在一起之后也不会产生不和谐。

<h2 style="text-align:center">好吃的食物 2</h2>

材料呈现:卡纸、剪刀、胶水、马克笔、彩色铅笔、尺

过程说明:

  "好吃的食物"有四个小主题:"吃果果"、"营养餐厅"、"买菜"和"食品店"。

  小主题"吃果果"首先确定自己要画什么样的画以紧扣主题,再选择合适的材料表现画面。以深黑色纸张作为背景,画面中有一棵水果树,还有一个摘水果的小女孩。我用灰色卡纸剪出树枝的形状,再用彩色铅笔画出水果的样子,然后剪贴出一个小女孩,再剪一些水果作为背景。

  小主题"营养餐厅"。一想到餐厅,首先映入脑海的就是厨师。因此,我首先就画出了一个可爱的厨师。他戴着高高的厨师帽,脸上有着几点雀斑,围着一个橙色的围裙,手里端着一个盘子。既然是餐厅,那就不能只有厨师没有美食。因此,除了可爱的厨师我还做了几种美食。首先,拿一张白色的卡纸,画出一个大盘子,然后在上面画上新鲜出炉的荷包蛋,看得让人口水直流啊!营养美食那就不能单单只有一个荷包蛋,所以我就在旁边画上红色的香肠以及一些绿色的西兰花做小配菜。吃饭当然会口渴,饮料自然是不可少的，首先我画出了一个大致的杯子轮廓，如果杯子的颜色不鲜艳，可能就不会吸引幼儿，因此我给杯子用马克笔画上了蓝色、橙色等容易引起食欲的颜色。其余的食物放在厨师的左边，光看着就想进这家餐厅享受美食。

小主题"买菜"，准备一张蓝色的纸作为背景。先在肉色的纸上画好一个小女孩的身体，然后在红色的卡纸上画好帽子、裙子和鞋子，剪下来贴在画好的小女孩身上，再剪两个辫子贴上去，一个小女孩就剪贴好了。在黄色的卡纸上画一个菜篮子，剪下来，在红色的卡纸上画三朵小花，剪下来贴在黄色的篮子上做装饰。分别在白色的卡纸上画六个蘑菇，再用马克笔涂色，剪下来。用不同颜色的马克笔在白色的卡纸上写"MUSHROOM"再分别剪下来。在白色的卡纸上画一个小女孩的头部，用深红色卡纸剪出帽子，深棕色卡纸剪出头发。特意设计为艺术效果的"买菜"字样，且运用了两种型态类似的字体叠加在一起，起到强调作用。最后把这些元素都粘贴在一幅画上。

小主题"食品店"，准备一张黑色卡纸作为背景，在卡纸上画好葡萄、茄子、南瓜、番茄、果汁、牛奶，上色并剪出，错落地粘贴在画面上。在画面左侧粘上打印好的艺术字——"食品店"。

教育价值：

围绕着"好吃的食物"，主题墙上呈现了水果树，在森林中采摘蘑菇的小女孩，餐厅中的食物，日常生活中常吃的果蔬、果汁、牛奶，让幼儿了解食物的种类，同时教师讲解每种食物的营养特点，介绍均衡营养的知识，培养幼儿不贪食、不挑食的好习惯。

交通工具

材料呈现：彩色纸、卡纸、马克笔、双面胶、剪刀

过程说明：

我们将"交通工具"中的三个小主题以绘画形式组合成生活的场景，其中有"交通工具真有用"、"车轮咕噜咕噜转"、"小熊乘飞机"。

在"交通工具真有用"中，我们将模板划为五块，分别是骑自行车的女孩，红绿灯，一辆小汽车，一辆载着男孩、女孩的跑车，一架女孩驾驶的飞机。在生活中，交通工具节省时间、方便人们的出行，可以带人们去看更广阔的世界。我们采用的是剪贴法，将画好的作品剪贴到大画纸上。

在"车轮咕噜咕噜转"中，将小汽车作为主体。在幼儿的日常生活中最常见的轮子是汽车的轮子，以小汽车的圆形车轮作为例子，可以与幼儿的实际经验紧密连接，从而促使幼儿的思维拓展开，在教师与幼儿谈话时，可以涉及生活中以及幼儿的想象世界中的各式各样的车轮，讨论车轮的作用、车轮与交通工具的关系等。

在"小熊乘飞机"中，通过听《小熊乘飞机》的故事，让幼儿初步了解乘坐飞机的规则，培养幼儿自我保护的意识。根据故事内容，画出相应的"小熊坐飞机"的图片。由图中看出，小熊坐在飞机上，引导幼儿分享自己乘坐飞机的感受，坐在飞机上往下看，我们能看到什么，房子和马路都有什么变化。再与故事中的小熊联系起来，做对比，让幼儿互相谈论故事中的小熊哪些地方做得对，哪些地方需要改正，以及我们小朋友在乘坐飞机时，应该如何保护好自己的安全，然后由教师引导幼儿做游戏"乘飞机"。最后让小朋友们思考天空中有些什么，如卫星是怎么上天的，作为主题延伸。

教育价值：

这个主题墙的教育价值在于让幼儿通过观察、感受、欣赏，了解各种交通工具，知道它们的用处，让幼儿认识各种不同的交通工具。同时，通过比较不同的交通工具，才会对交通工具的速度有一定的了解。也能清楚在外出时要注意交通安全，遵守交通规则。

在秋天里

材料呈现：卡纸、彩色铅笔、马克笔、蜡笔、水粉颜料、海绵胶、剪刀、彩色纸

过程说明：

"在秋天里"有四个小主题："秋天的大树"、"果子熟了"、"秋虫的歌"、"收庄稼"。

秋天被称为是一个金色的季节、一个收获的季节。金灿灿的稻穗、红彤彤的苹果、参天的大树，无不显示着秋收喜悦之色。我们选黄色作为整体的主色调。从上到下的渐变黄为背景色。

"秋天的大树"，有的秃了脑袋，有的却长满了果实。在整张纸上我们画了两棵大树，树上零落地有几只未摘完的苹果，树枝上还有几片枯黄的叶子。在远处还有几棵树，都已呈现秋意。苹果以剪贴画的形式粘在树枝上，使其有立体感。

"果子熟了"，丰收的季节当然少不了红彤彤的果实，烘托出喜悦气氛。在画纸的下方放置了满满的三筐果子，错落有致地摆放着。将"秋天的大树"中的大树延伸到这张画上，使这两个主题融合起来。树上的果子摘下后被装进树下的筐子里。画的上方还飘舞着枯黄的树叶，它们在秋风的鼓舞下漫天飞舞着。

"秋虫的歌"，秋天有许多昆虫，如蜻蜓、瓢虫、青虫等，一些昆虫会发出不同的叫声汇成一首秋天的歌。我们以剪贴为主，将画好的昆虫、植物都用海绵胶有序地贴在画纸上，在其中几只昆虫的嘴边画上几个音符，呼应主题。画的左侧用几株玉米来告诉大家，这是在田边而不是植物园。

"收庄稼"，我们使用一个较大的向日葵将"收庄稼"与"秋虫的歌"相连接，因为庄稼与秋虫大多出现在农田里，能够自然地联系在一起。收庄稼一定少不了用拖拉机去装庄稼，整张画上以拖拉机与开拖拉机的农民作为主体，为了颜色的统一，拖拉机选用了红色。在拖拉机兜里用剪碎的不同颜色的碎纸片代表大量的庄稼。在画的右侧画上了一垄玉米，来左右呼应。

教育价值：

"在秋天里"，这个主题是让小朋友们通过绘画来了解秋天。生活在城市的小朋友很少能亲近大自然去看农田里秋天的美景、去体验丰收的喜悦。通过这个主题画呈现的不仅仅是秋天的美景，还呈现了秋收、秋虫欢唱、果子熟透的景象。一方面培养了幼儿对绘画的欣赏与喜爱，另一方面丰富了幼儿的生活经验与常识。

常见的工具1

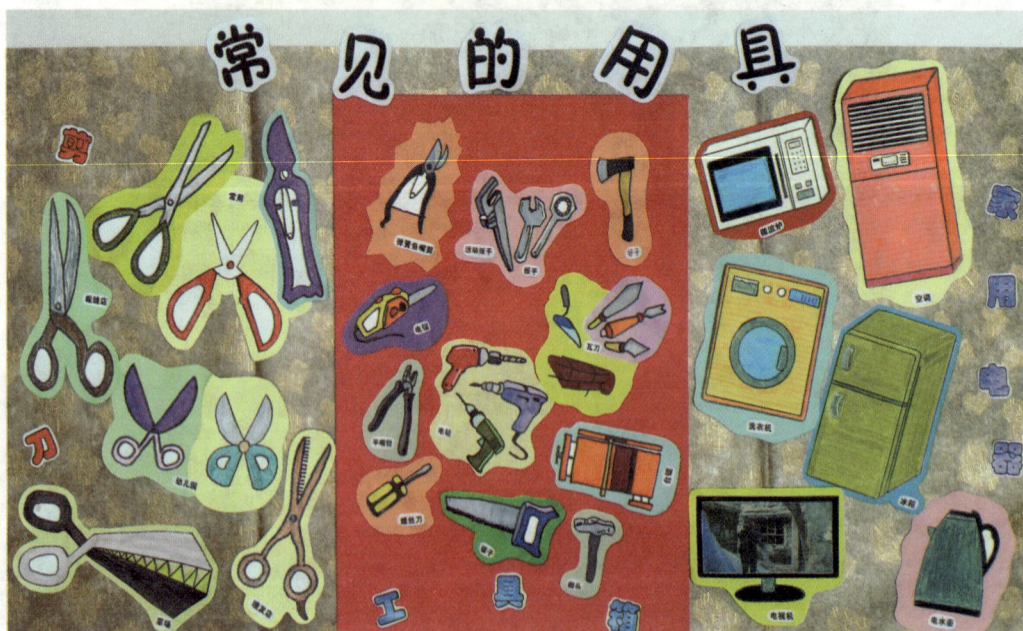

材料呈现：包书纸、瓦楞纸、彩色纸、马克笔、水彩笔、彩铅、剪刀、双面胶

过程说明：

大主题是"常见的工具"，三个小主题，分别是"剪刀"、"工具箱"、"常用电器"。这些主题都是日常生活中常见的物品。我们将整个画面分成三个色块，画面中间放了一张粉红色瓦楞纸，以此来区分三个小

主题。主题"常见的工具",我们用的是黑色娃娃体字,将它们放置在整幅图的最上端。

　　"剪刀"这个主题,我们一共呈现了八把剪刀,它们分别是幼儿园小朋友使用的两把剪刀、菜场里用来杀鱼的一把剪刀、裁缝店缝纫师傅使用的一把剪刀、理发店理发师使用的一把剪刀和三把常用的剪刀。因为剪刀可以在不同的地方给不同的人们使用,我们将属于一个种类的剪刀粘贴在一起,其余的则单独摆放。

　　"工具箱"这个主题,小朋友肯定知道爸爸的工具箱里有很多不一样的工具,于是我们将工具箱里比较常用的工具画出来。有弹簧鱼嘴剪、扳手、斧子、电锯、螺丝刀、电钻、瓦刀、锯子、台锯、榔头和平嘴钳,一共十一类,十九个。可见,爸爸的工具箱里面是多么的丰富。

　　"常用电器"这个主题就更加简单了。因为小朋友接触它们更多,我们挑选了六个较为常见的家用电器,有电水壶、微波炉、空调、洗衣机、冰箱以及电视机。

　　在这些常用物品的下面,我们都贴有相应的名称。

教育价值：

　　主题墙上采用将常用的工具与它的名称一一对应好,并利用"图＋文"的方式处理幼儿难以理解的文字。此外,分类的概念也在此作品中有所呈现,针对幼儿的生活经验,区别幼儿园里使用的工具和常用的工具的不同并进行分类,让幼儿更加生动形象地了解到日常生活中的物品,加深他们对物品的印象。

常见的工具2

材料呈现：彩色纸、剪刀、胶水

过程说明：

　　"常见的工具"有三个小主题："剪刀"、"家用小电器"、"工具箱"。

　　在"剪刀"这一小主题中,小朋友们通过剪刀剪出各种自己喜欢的物品,有小女孩、雨伞、小狗、蘑菇等,然后粘贴在一起组成画面。在阳光暖暖的午后,小女孩带着可爱的小狗在草坪中散步。小女孩怕小狗被太阳晒伤,特意为它撑了遮阳伞,小狗显得特别开心,自由自在地在草坪中追逐着蜻蜓。通过这样的物品粘贴,反映了小朋友们热爱自然,渴望在自然中游戏玩耍的心情。这样的动手操作极大地提高了小朋友们学习兴趣，也可以锻炼幼儿手眼协调能力。

在"家用小电器"这一小主题中，妈妈在厨房中使用各种电器为小女孩煮好吃的。图画中有妈妈、小女孩，还有冰箱、电饭煲、微波炉等家用电器。在厨房里，小女孩开心地吃着妈妈做的饭菜，而妈妈也端着饭菜微笑着，画面充满了家庭的温馨。

在"工具箱"这一小主题中，让幼儿了解到日常生活中一些常见的工具，在游戏中学习扳手、剪刀、刷子、铁锹等工具该怎么用。首先，做了一个大柜子和一个工具箱，工具箱中放满了工具，有锤子、小铁锹、钳子等。整幅作品颜色比较亮，用彩色的荧光纸做点缀，给整幅画加上边框，显得更完整和生动。

教育价值：

这个主题墙的教育价值在于让幼儿通过观察、动手操作，认识这些常见的工具，并了解到这些工具的基本用途。在以后的生活中，幼儿可以在教师或家长的指导下使用这些工具，感受工具带来的便利。

玩具总动员

材料呈现：彩色纸、卡纸、马克笔、胶水、剪刀

过程说明：

我们把"玩具总动员"这一大主题分为两个小主题，第一个主题是"我们的玩具"，第二个主题是"我爱搭积木"。

在"我们的玩具"主题中，我们想到用幼儿平时都喜欢的玩具来剪贴。我们选择的玩具分别是娃娃、小木马、球、小飞机、风车、鼓。有些是小女孩中意的，有些是小男孩中意的，有些是安静地坐着玩的，有些是需要运动着玩的。我们把这些玩具用彩色的卡纸做出造型，再用马克笔勾勒轮廓，使得造型有立体效果。最后把它们叠叠层层地放一起，像是幼儿家里随意摆放的玩具，可以抓住幼儿的眼球，让他们喜欢这个主题墙。

我们选择"我爱搭积木"这个主题是因为可以迎合幼儿对积木的爱好。同样的积木可以搭出不同的造型，不同的积木更可以千变万化。而图中我们选择的是马的造型，一个小朋友坐在地上玩自己的积木，另一个小朋友则是坐在自己搭建的马上面快乐地呼喊。积木我们选用的是红黄蓝这三个最常见颜色的积木，用剪贴的方式，可以增加立体感。而小朋友是选用手绘的方式呈现，小朋友的衣服选择幼儿喜欢的鲜艳颜色。幼儿在看这面主题墙时，会有较强的代入感。

教育价值：

这个主题墙的教育价值在于让幼儿通过观察、感受、欣赏，了解各种不同的玩具，知道它们有很多类型，让幼儿可以选择玩不同的玩具。同时，搭积木可以让幼儿通过观察来发挥想象，搭出不一样的造型，培养幼儿的想象力和动手能力。

在动物园里 1

材料呈现：马克笔、卡纸、手工纸、彩色铅笔、油画棒、胶水、剪刀

过程说明：

"在动物园里"中的三个小主题以不同的形式来展现。第一个主题是"大家不一样"，不同的鹦鹉因为位置的不同，运用的表现形式也不相同，在前面的鹦鹉是以剪贴的形式粘上两层泡沫双面胶呈现出立体感，较远的鹦鹉则以平面绘画的形式，与立体造型的鹦鹉呼应表现远近的不同层次。

第二个主题是"学会的本领"，青蛙并不是天生一伸舌头就能够吃到害虫的，需要不断练习，青蛙运用剪贴的手法，粘上两层泡沫双面胶做出立体的感觉，背景运用绘画的形式表现。

第三个主题是"动物开商店"，狮子开了一家流动点心屋，卖各种点心，点心看起来十分逼真立体，同样以剪贴的形式表现立体感和远近感。

"在动物园里"这五个字，我们以参差不齐的摆放方法来表现主题，接着通过剪贴的形式，将三幅画结合起来，动物园这个大家庭里真是热闹呀！

教育价值：

这个主题墙的教育价值在于让幼儿通过观察、感受、欣赏对动物园里的动物有所了解，让幼儿通过我们的绘画来逐步地了解动物大家族并且让幼儿感受到动物园离我们并不遥远也不陌生。动物是我们的好朋友，在动物园里我们会有许多好朋友，有聪明的鹦鹉、爱吃害虫的青蛙和开了商店的狮子。千姿百态的鹦鹉看似相同其实各有特点，通过仔细观察鹦鹉的不同，锻炼幼儿的观察能力。青蛙努力学本领，不断练习，在练习中成长进步。动物也能开商店，店铺里的东西琳琅满目，儿童能找到哪些点心呢？我们整幅图画运用相对较为明亮的颜色，能够把幼儿吸引到图画中，锻炼幼儿的观察力，联系实际生活的能力，以及想象力、创造力。

在动物园里 2

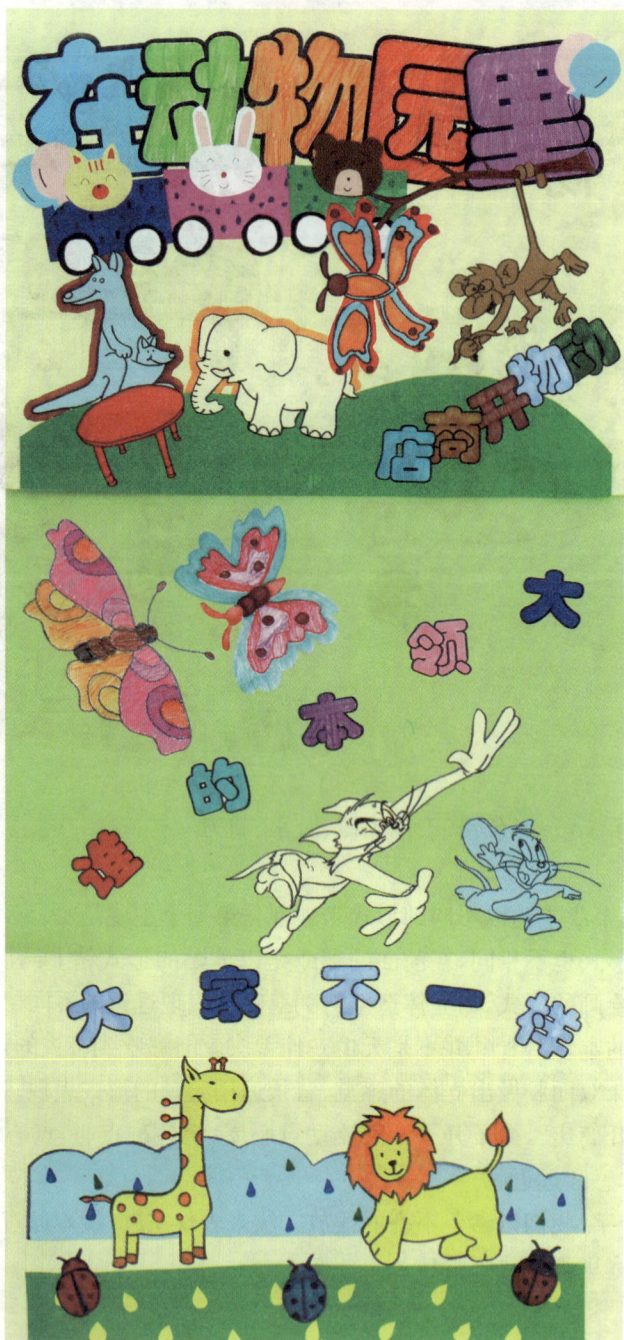

材料呈现：纸、剪刀、胶水、海绵布

过程说明：

　　"在动物园里"是一个大主题，它下面的小主题分别是"动物开商店"、"谁的本领大"、"大家不一样"，在幼儿的眼里动物是可爱的，是人类的好朋友，所以我们尽量凸显出动物的这些特点，并且幼儿喜欢颜色丰富的东西，因此我们用五颜六色的水彩笔去表达我们的主题。在表现手法上，我们用了剪贴、绘画；色彩上，我们用了很多亮色，色彩的搭配符合幼儿的审美特点。

教育价值：

　　通过动物们的本领展现，让幼儿了解不同的动物有不同的本领，诱导幼儿发现自己和同伴的不同本领，从而明白每个人都有不同的特点，正是这些不同的地方给我们带来了快乐。

幼儿园里朋友多

材料呈现:马克笔、卡纸、手工纸、彩色铅笔、油画棒、胶水、剪刀

过程说明:

　　"幼儿园里朋友多"中的三个小主题以不同的形式来展现,第一个小主题是"我的朋友多",我们选择用剪贴的形式,先画出了半个地球,接着我们用剪贴的形式,剪裁出各种样子的小丸子系列人物来表现出小丸子的朋友多。

　　第二个小主题是"一起做活动",我们将摩天轮作为整幅图画的主要部分,接着通过剪贴的形式,将人物剪贴在摩天轮的一个个小房子中,来表现小朋友们一起做活动。

　　第三个小主题是"我和老师做朋友",我们通过描绘上课的场景,来表现小丸子和老师一起上课时的温馨,来表现出小丸子和老师是好朋友。

教育价值:

　　这个主题墙的教育价值在于让幼儿通过观察、感受、欣赏,了解幼儿园的生活,并且对幼儿园有初步的认识,知道在幼儿园中我们会有许多好朋友,我们会和好朋友一起做游戏,同时,在幼儿园中会有博学多才的老师,我们要和老师做好朋友。

在秋天里

材料呈现:彩色纸、剪刀、双面胶、乳胶

过程说明:

"在秋天里"有四个小主题:"秋天里"、"秋虫在唱歌"、"收庄稼"、"果子成熟了",以不同的情景表现出了秋天的特点。

在"秋天里"中,我们在底部加上了一片黄色的山丘,并用深浅两种黄色产生了渐变的效果,在山上用亮色的黄、绿、红画上一棵大树和一棵小树,将我们的主题"秋天里"放在"秋天的大树"最上方,并将"里"字放在太阳里,这也是我们的创意之一。

在"秋虫在唱歌"中,做了两只大小不一的瓢虫,音符表现了瓢虫在歌唱,在底部铺了一片黄色作为和其他三幅画的呼应。

在"收庄稼"中,上面的一片黄色作为和其他三幅画的呼应,在画面左下角有一片栅栏,在栅栏上挂了很多蔬果,右边放了一个稻草人。

在"果子成熟了"中,画面左边用一棵红色的果树和"秋天的大树"作为呼应,将"秋天的大树"的山丘一直延续到"果子成熟了"中,并在果树下放了一辆装满果子的车。

教育价值：

　　这个主题墙的教育价值在于让幼儿通过观察、感受、欣赏秋天的景色以更加了解秋天的特点。生动的形象引起幼儿兴趣，引导幼儿能更好地画出自己心目中的秋天。

火辣辣的夏天

材料呈现：卡纸、水彩笔、不织布、剪刀、胶水

过程说明：

　　主题"火辣辣的夏天"有四个小主题："雷阵雨"、"找阴凉"、"在水池边"、"荷花池里的朋友们"。

　　"雷阵雨"表现的是炎炎夏日中下雷阵雨的景象。整幅作品采用冷色调，体现出下雨时阴凉的环境。先用卡纸做出作品中主要的人物，再用海绵垫做出乌云和雨点，用彩色卡纸做出路灯、砖地，整幅作品就完成了。

　　"找阴凉"展现的是炎炎夏日的景色，幼儿在花园里玩乐的情景。以太阳的大红色为基色，给太阳包上金边，戴上太阳镜，体现阳光的强烈，夏日的炎热。旁边大树的叶子用不同的绿色画成，更能生动地展现出夏日的树木。在大树的下方有个小女孩在乘凉。

　　"在水池边"强调的是在水池边上的事物而不是在水池里面的事物，所以将人物、动物、植物都安排在水池边的草地上。为画面中央的人物包了一层黑边，重点突出她们是主角，并且用亮色为主角上色，使主角更加突出。主角做完了之后，又做了一些配角来衬托主角，在画面右侧，画上一只贪吃的小兔子在盯着萝卜，边上走过一只悠哉悠哉的小鹿。最后，贴上打印好的艺术字"在水池边"。

　　"荷花池里的朋友们"首先用淡黄色的不织布剪出了一片荷叶，然后用绿色的不织布剪出若干长条，把它们贴在淡黄色的荷叶上，再用银色的卡纸包边，然后用剪刀留边剪，这样一片漂亮的荷叶就完成了。接下来要做一只青蛙，首先在绿色的不织布上画出一只青蛙，然后用剪刀把它剪下来，接着用白色的卡纸剪出青蛙的眼睛，然后剪两个黑色的小圆作为青蛙的眼珠，把黑色的小圆贴在白色卡纸上，在黑色的圆形上再贴两个白色的小圆点，这样一双青蛙眼睛就完成了。把青蛙的眼睛贴在绿色的不织布上，留出绿色的边。接着用黑色的卡纸剪出一个弯弯的长条作为小青蛙的嘴巴，然后再剪出两个黑圆片，作为小青蛙的鼻子，再把它们按照顺序贴在绿色的不织布上，然后在绿色的青蛙下面贴一张黑色卡纸，留边剪出来。这样，我们的小青蛙就完成了。

　　我们再把小青蛙贴在淡黄色的荷叶的上方，接着要制作荷花。在粉色的不织布上画出荷花的形状，然后用剪刀剪出来，接着把黑色卡纸剪若干长条，再把它们粘贴在荷花的花瓣的交界处。再用银色的卡纸贴在荷花的下面，然后留边剪下来，接着再用绿色的不织布剪出一个绿色的长条作为荷花的茎，把它粘贴在荷花的下方，这样一朵荷花就完成了。再把荷花贴在小青蛙的右边，荷叶的上方，将青蛙、荷叶和荷

花贴在卡纸的中间。这里选择打底的卡纸是蓝色的,然后在卡纸的下方,用橙色卡纸剪出三条长度不一的弯曲波浪线,把它们当作是水波贴在下方,在水波的上下间贴上形状不同的波浪线。在荷叶的附近,用黑色的卡纸画小蝌蚪,再把它们剪下来,贴在荷叶的附近。把之前打印好的标题,不规则地涂上绿色和黄色,给人一种清新的感觉。再用银色的卡纸包边,把留边剪下来,在卡纸的左边从下往上依次贴上去。这幅画就完成了。

教育价值:

　　这幅主题墙的作品表现了夏天的季节特点,主题墙除了展示与主题有关的文字资料、图片、卡片外,更多的是展示幼儿学习过程和结果的记录,要想吸引幼儿对主题墙的关注,必须做到主题墙的创设内容丰富、形式多样,让幼儿从情感上感受夏天的美好。作品虽只是呈现了主题环境的一部分,但具有引领性,孩子会因为主题墙进而思考:雷阵雨是怎么回事呢?火辣辣的夏天我该如何找阴凉呢?夏天在水池边的动物和人们在做什么呢?荷花池里的朋友们有哪些呢?在开展主题活动的过程中,孩子不断地找到答案,从而丰富到主题墙上,最后成为互动性较强的主题环境作品。

在农场里

材料呈现: 卡纸、胶水、剪刀、海绵胶、铅笔、马克笔、直尺

过程说明:

　　"在农场里"的小主题分别是"猪羊肥又壮"、"小鸡小鸭"和"饲养员请客"。在主题中,我们要统一风格,所以我们的底板都用白色的,白色的底板上是一大片草地,植物的风格也做了统一。

　　"猪羊肥又壮",主题的主角是猪、羊,肥壮的猪、羊各做两个,各放两边支撑画面,吃饱了的小羊靠在大树旁边。因为要突出猪、羊,所以这里的小树较为单调。小猪是一只公和一只母,具体的区分是公猪打领结,母猪头戴小皇冠,小尾巴俏皮地用蝴蝶结装饰,脸上用红晕体现可爱,手拉手一起站在猪圈前面。

　　小猪这边比较单调,所以做一个猪圈映衬背景。天上用蓝云做装饰,云朵把文字包围起来,这样就会把整个画面衬得饱满。草坪上依旧用深绿色的小草来点缀,幼儿会觉得整个画面很生动有趣。

　　"小鸡小鸭"的主题自然是小鸡小鸭,小鸡在草地上跟着鸡妈妈散步。鸭妈妈带着小鸭在草旁的池塘里戏水,小鸭一只跟着一只,互相紧挨着,可以引导幼儿点一点小鸡小鸭的数目。

主角设定好后,就是环境的创设了。如果只是小鸡小鸭会比较单调,于是我制作了一棵特殊的大树,可以支撑整个画面的树。树的颜色由深浅不同的绿色和银色组成,让树叶铺满整个画面。如果只是把池塘和绿草结合在一起的话过于单调,用深绿色小草点缀其间较好,池塘边再画几棵芦苇会使画面更饱满。

"饲养员请客",主题的主角是饲养员,农场里的动物有:一只奶牛、一只猪、两只鸡。再做一个农场作为背景。

天空中有太阳,太阳公公笑着,大家也笑着,气氛显得很欢乐。农场里还有栅栏,场景更具真实感。当然还有大树,我们所有主题都用相同类型的树。

教育价值:

通过呈现农场的生活,让幼儿认识生活在农场中的小动物,感受农场生活。可以请去过农场或农村的幼儿分享经验:这些小动物都是什么样子的? 它们有什么特点?

第四节 大班主题环境创设

一、环境创设的方法和途径

由于大班的孩子各方面能力已趋于成熟,在进行创造和探索活动时逐渐有独立的思考能力,因此主题墙创设的形式可以多种多样,有做记录的调查表、绘画、探索后的剪贴图形式等。其中,记录开展的方式也可以是不同的,可以是边探索边进行的过程记录,也可以是探索后的记录。

例如,在"小水滴旅行"的教学活动中,幼儿完成了一幅名为"小水滴旅行图"的作品,来记录小水滴的旅行过程:小水滴生活在小河里——在太阳公公的帮助下变成水蒸气往上飞——风爷爷吹得我们好冷,三个一伙、五个一群紧紧抱在一起——一会儿,变成了一颗颗很细的小水滴——飘啊飘,变成了白云——越飞越慢,里面的有些大胖子,变成小雨滴落回到小河里。在这一过程中,孩子们知道了雨形成的过程,进一步激发了幼儿探索大自然奥秘的兴趣。教师可以将该记录表作为主题经验放在主题墙上。主题墙的记录活动,不仅能激发幼儿的探索欲望,还可以促使幼儿对探索过程和结果进行表达和记录,对主题环境的创设展开讨论。

在主题墙上也可看出不同的孩子对于主题内容的不同理解,以及所蕴含的不同情绪,他们通过不同的表现形式尽情地挥洒个性,这也正是主题墙的另一个作用。对于大班的孩子来说,很多经验的整理不再需要教师来总结,他们可以自己分类、归纳知识点、梳理经验,那么教师所需做的是为他们创设一个有层次性的主题墙环境,在内容上做好了解后进行创设,做好环境上的引导。留下幼儿的学习和探究脚印,激发幼儿思考的展开。

但主题墙不可能面面俱到,同时满足每个目标的归纳和梳理的要求,所以在制作和呈现主题墙的时候,要根据班级孩子的特点而有所偏重。主题环境中所反映出来的元素都是在主题课程中已渗透的元素,在主题墙上呈现的是主题活动的阶段性成果,探究过程中遇到的困惑,主题经验的产生过程和知识点的梳理及归纳总结,教师和家长对主题活动的支持也会反映在主题墙上。幼儿可以在与主题墙的互动中得到经验的满足,获得自信和成就感;丰富对主题的理解,利于经验的迁移;也有助于延伸主题,激发活动后继续探索的欲望。

二、创设要求

(1)以幼儿参与为主要形式:大班主题墙是为幼儿提供表达自己对世界的认识的场所,如:可以通过多种形式的绘画展现对一个学习点的思考内容,再分小组进行归纳,由教师在得到所有孩子认可的情况下布置在主题墙上。

（2）内容更有深度：对大班孩子的要求不仅仅是在广度上，还要有挖掘和探索的能力，教师可组织班级孩子成立兴趣小组，对自己感兴趣的事物进行深入的探索，可借助家长的力量、社区资源，在此过程中获得更多的探索方式。

（3）墙面划分清晰：教师要为孩子划分明确的主题墙面板块。

三、思考与实践

（1）大班主题墙创设的形式有哪些？

（2）大班主题墙呈现的内容有哪些要点？

（3）以"我是中国人"为主题，制作一份主题墙。

要求：有个性化的、符合主题内容的墙面框架；能清晰地划分主题墙内容；能选择适宜的形式表现。

四、教学图例

动物大世界

材料呈现：水彩颜料、卡纸、蜡笔、彩色铅笔、胶水、剪刀

过程说明：

"动物大世界"，先用四个动物的头部轮廓分别作为四个分主题的背景图案，以呼应"动物大世界"这一主题。用蓝色卡纸制作大象的头部轮廓对应"学来的本领"，白色和黑色的卡纸制作大熊猫的头部轮廓对应"不同的家园"，利用黄褐色卡纸制作猫咪的头部轮廓对应"我和动物是朋友"，利用粉色卡纸制作兔子的头部轮廓对应"千奇百怪"。

"不同的家园"，这个分主题的构思是不同的动物生活在不同的地方，所以画面中有一棵大树，大树底下有个树洞，树洞里住着松鼠。在大树旁的地面上生活着蛇、斑马、狮子等陆地动物，小鸟在天空中自由飞翔。

"千奇百怪"，这个分主题的构思是马戏团。画面中有马戏屋，在马戏屋前面有个大大的操场。在操场中有着各种动物在做马戏。例如，狮子吊圈、小狗倒立、大象踩球前进等。这些都是动物们高超的本领，以此来贴合"千奇百怪"这个分主题。

　　"学来的本领"在这个主题中，在蓝色的大象头部轮廓里是海洋。在海洋中有着各种各样的海洋生物，例如，海马、水母、海龟。在画面的正中是一个小男孩扶着海龟的背学习游泳。

　　"我和动物是朋友"这个主题中，背景是大草原，在草原的正中央是一个小女孩，在小女孩的左右两边有各种各样的动物，他们一起手拉手在唱歌，天空中飘浮着五线谱和音符。

教育价值：

　　"动物大世界"这个主题很符合大班幼儿的认识发展。幼儿可以和各种动物亲密接触，通过图片来了解各种动物的形象特征和生活习惯，让幼儿更加熟悉和了解动物。同时，还可以让幼儿知道不同的动物有不同本领，知道哪些动物会游泳、哪些动物会飞翔。此外，这个主题还可以让幼儿们知道：动物是人类的好朋友，我们要爱护动物，爱护大自然，学会与动物和谐相处。

<h1 style="text-align:center">我自己</h1>

材料呈现：卡纸、马克笔、剪刀、胶水

过程说明：

　　主题"我自己"里面有三个小主题，分别是"我和别人不一样"、"我和影子捉迷藏"、"我的身体真有用"。这三个主题分别介绍了幼儿园小朋友自己的特点。

　　在"我和别人不一样"中，从幼儿的思维角度出发，运用了夸张的手法，将小朋友变成在城市的上空飞翔的超人。小朋友对超人之类的卡通人物特别热爱，总是幻想自己变成和别人不一样的人，能够拯救世界。因此设计了小超人来吸引小朋友们的注意。

　　在"我和影子捉迷藏"中，设计的是一个小女孩在玩荡秋千，画面背景中有很多很多五颜六色的大花朵，花朵的出现使画面充满欢乐的气息。小女孩脸上充满了快乐的笑容，可以看出小女孩在玩游戏时是十分满足、开心的。

在"我的身体真有用"中,设计的是小朋友周围有很多的运动器材,像足球、棒球等,以及还有智力开发方面的玩具。无论是运动器材还是别的东西,都是对幼儿身体发展有益的东西,完美地体现了对"我的身体真有用"这一主题的诠释。

教育价值:

这个主题墙的教育价值在于让幼儿通过观察、欣赏,发掘自己身上的特点,从而更进一步地了解自己。在"我和别人不一样"中,可以让幼儿了解自己和别的幼儿是不一样的,每个人都有自己的特点,从而让幼儿自己发现自己与别人的不同之处,从而建立自我认同感。在"和影子玩捉迷藏"中可以让幼儿知道影子的特点:影子是会变化的,有的时候我们会看不到影子。让幼儿了解我们要怎么样才能看到自己的影子。在"我的身体真有用"中,让幼儿发现自己的身体可以做很多事,学习很多本领,能踢足球、打棒球等。

我是中国人

材料呈现:卡纸、铅笔、橡皮、马克笔、剪刀、固体胶、双面胶

过程说明:

在"我是中国人"大主题下的五个小主题分别为"天安门"、"了不起的中国人"、"民间活动"、"旅行去"、"国庆节"。在大主题排版设计下的白色卡纸上分别绘制五个小主题草稿。定稿后运用马克笔涂色和剪贴的手法完成每一个小主题的布置。五个小主题完成后,排版粘贴完成大主题的环境布置。

本次的环境设计的主题是"我是中国人",先确定以北京来突出"我是中国人"的主题。从总体来看,每个小主题的中心都是北京。

教育价值：

通过五个小主题的呈现，让幼儿了解祖国的一些标志性建筑、民俗节日、科技发展，引导幼儿分享自己知道的标志性建筑和景点、有哪些民俗节日、有哪些伟大的科技成就等，从而培养幼儿作为一个中国人的自豪感。

春夏和秋冬

材料呈现：卡纸、铅笔、橡皮、马克笔、彩色铅笔、剪刀、固体胶、双面胶

过程说明：

在"春夏和秋冬"大主题下分为三个小主题："会变的天气"、"四季的轮换"、"四季的树和花"。在符合大主题排版的情况下，在白色卡纸上分别绘制三个小主题，且每个主题都以云朵为轮廓。定稿后，运用马克笔、彩色铅笔和剪贴的手法完成每一个小主题的布置。三个小主题完成后，排版粘贴完成大主题的环境布置。

第一个小主题是"会变的天气"，我们以剪贴的方式完成很多天气标志，粘贴完成"会变的天气"这个小主题。第二个小主题是"四季的轮换"，四季和我们的生活息息相关，而且是特点分明的：春天，万物复苏；夏天，烈日炎炎；秋天，是丰收的季节；冬天则是白雪皑皑的世界。以四格的方式呈现这个小主题。第三个小主题是"四季的树和花"，选择每个季节比较有特色的树和花，结合完成。

教育价值：

通过三个小主题，让幼儿了解四季天气、景物、温度的变化，引导幼儿分享生活中观察到的四季变换。

我要上小学1

材料呈现：卡纸、水粉颜料、马克笔、彩色铅笔、蜡笔、胶水、海绵胶、剪刀

过程说明：

  "我要上小学"的四个小主题的场景是幼儿园老师为正在上大班的小朋友们做即将步入小学校园的准备，它们分别是"我的小书包"、"参观小学"、"小课堂"、"毕业时刻"。幼小衔接是幼儿园大班教学活动的一大重点。通过主题墙、主题活动、游戏等布置与活动内容，让孩子们对上小学感兴趣。

  在"我的小书包"中，一只只可爱的书包能吸引孩子的目光。书包是上小学必不可少的学习用品。许多孩子上幼儿园也会背上自己的小书包。上小学后书包只是变得更多样化、更大一些。在熟悉的层面上，给书包加些改变，孩子们对此就会有讨论不完的话题。我们准备了很多不同颜色不同款式的书包陈列在柜子里。

  在"参观学校"中，老师为培养孩子"要上小学了"的意识，带领幼儿参观小学，感受校园气氛、认识新鲜事物。为表现阳光灿烂的校园生活，我们选择红色和绿色。红色的校园、绿色的草地，老师带着幼儿坐着大巴向学校出发。

  在"小课堂"中，上小学后就不再像幼儿园里大家坐在一起或是一个小组坐一桌，而是两人一桌，整齐排列，老师也不再是坐着上课，而是站在讲台后授课。小学生上课时，每人手里都有一本书，不再是只有老师看书给大家讲故事了。很多的变化都会让孩子感到新奇，这里的卡通学生形象也比较吸引幼儿。

  在"毕业时刻"中，大班小朋友们即将离开幼儿园步入小学，大家都舍不得自己的幼儿园。拍一张集体照来纪念幼儿园的时光。以幼儿园的大建筑为背景，小朋友们站在阶梯上、排成排，记录下幼儿园的快乐时刻。

教育价值：

  入园时有很大一部分幼儿会有入园焦虑，同样的入学焦虑也存在于一些幼儿身上。通过幼儿园的主题活动、主题墙的设计，潜移默化地影响着幼儿对小学的印象。通过观看主题墙感受校园氛围，使幼儿对上小学抱有兴趣。慢慢地接触和引导使其"脱敏"，使"上小学"不再是令人头痛的问题。

我要上小学 2

材料呈现：卡纸、布艺胶带、纺织布、瓦楞纸、线、马克笔、压花机、双面胶、海绵胶、白乳胶、剪刀

过程说明：

"我要上小学"中四个小主题以相同的背景、边框和装饰花来呈现，其中有"我的小书包"、"小课堂"、"参观小学"、"毕业时刻"。

在"我的小书包"中，以小书包作为整幅作品的主体，小书包的旁边散落着一些学习用具：书本、铅笔盒、橡皮、小水壶。让幼儿了解到上小学的哥哥姐姐们书包里有些什么，做好上小学的准备。书本做成立体的样子，激起他们对读书的兴趣。

在"小课堂"中，我们呈现了小朋友们上数学课的场景，小朋友们围坐在课桌旁认认真真地听老师上课，大大的黑板上的"1＋1＝?"，让小朋友了解小学的上课情况，知道在小学的课堂里可以学到更多的知识，以此来激发幼儿的学习欲望。

在"参观小学"中，小朋友们兴高采烈地手牵着手走进小学，参观美丽的小学校园，周围的花朵和气球装饰衬托出小学正在欢迎着小朋友们到来的气氛，再次让幼儿感受到小学的快乐氛围，让他们不惧怕小学、愿意去小学。

在"毕业时刻"中，小朋友们从幼儿园毕业啦，他们身穿学士服、头顶博士帽、手拿毕业证、蹦蹦跳跳地在幼儿园前的草坪上庆祝这一欢乐的时刻，蓝天白云、大大的太阳更凸显了欢愉的氛围。立体的博士帽和毕业证摸上去很有质感，让幼儿通过自己的感官直接感受到毕业离开幼儿园去小学的快乐，同时也让他们永远记住曾在幼儿园度过的美好时光。

教育价值：

大班的幼儿即将离开幼儿园步入小学，在这个时候很有必要给幼儿介绍小学的情况，做好"幼小衔接"。他们可以通过这四幅手工作品，感受到毕业时刻的快乐以及步入小学这一新环境的乐趣，对小学有初步的了解，知道去小学要带些什么、做些什么，以及和幼儿园有哪些区别，提前做好生理和心理的双重准备，不害怕上小学，快乐、积极地迎接未来的小学生活。

我们的城市

材料呈现: 卡纸、彩色纸、折纸、马克笔、彩色铅笔、剪刀

过程说明:

　　大主题是"我们的城市",分为五个小主题:"逛街"、"路边新事"、"通畅的路"、"新式的车"和"老房子新建筑"。我们将五个小主题剪成五个圆形,而不是普通的长方形。采取圆的形状,更能凸显可爱。整个画面是以一个画家在草丛中画画为中心,他的笔下画出的五个气球也就是我们的五个小主题。

　　"逛街"这一主题,以百货大楼的广场为背景,凸显大楼前拎着好几个购物袋的主人公。小女孩这个人物我们采用剪贴的形式,剪下来用海绵胶贴在画上,使人物显得立体。

　　"路边新事"这一主题,也是同样采取剪贴的形式。背景是用彩色铅笔和马克笔相结合画出来的,画面给人眼前一亮的感觉。"路边新事"一共有四组人物,人物的色彩都很鲜明,有搀扶盲人、给叔叔推轮椅、扶起摔倒的小伙伴、为小伙伴撑伞的故事,展现了马路边的新事。

　　"通畅的路"这一主题,画的是小黄鸭准备过马路,马路上只有一辆红色的小轿车,画面十分卡通,路边还有一家小兔子开的冰淇淋店。

　　"新式的车"这一主题,是以淡绿色为背景,画的中间是一辆南瓜车,周围的车则是以旋转的方式画出来的,显得更加生动可爱,与众不同。

　　"老房子新建筑"这一主题的背景是城市的老房子,画面用色主要是黑白灰红褐这几种颜色,画面上是剪贴的橙色的东方明珠这类新一代城市建筑。以对比的形式反映了城市天翻地覆的变化,也画出了城市建筑物的进步。

教育价值:

　　通过五个小主题让幼儿了解城市里的生活,引导幼儿讨论城市中还有什么,可以在城市中做什么。

有用的植物

材料呈现: 彩色纸、卡纸、马克笔、彩色照片

过程说明:

我们把"有用的植物"分为四个小主题,第一个小主题是"绿色菜篮子",第二个小主题是"种植园",第三个小主题是"街心花园",第四个小主题是"能治病的植物"。

用一棵大树连接四个小主题,第一个小主题"绿色菜篮子"中选择了胡萝卜、生菜、茄子、番茄、青菜、柠檬等,让幼儿在认识这些常见的果蔬同时,又培养了幼儿把蔬菜水果放在菜篮子中的意识。

第二个小主题是"种植园",把种植园的场景呈现出来,让幼儿可以通过观察了解植物是如何长出来的。在选取植物的时候我们选择了比较常见的青菜和韭菜,这样更容易让幼儿识别。

第三个小主题是"街心花园",选取的是一只蝴蝶在花园里围着康乃馨飞舞的场景。康乃馨的颜色有紫色、粉色、红色等。最后用白色的栅栏把花儿围起来,给人一种温馨的感觉。

最后一个小主题是"能治病的植物"。考虑到这些植物长得非常像,我们采用的是彩色照片的形式呈现,并在每张照片下面标注着植物的名称。

教育价值:

这个主题墙的教育价值在于让幼儿通过观察、感受、欣赏,了解各种不同的植物,知道它们有很多类型和功效,让幼儿了解到植物的重要性并且培养幼儿爱护植物的意识。

春夏秋冬

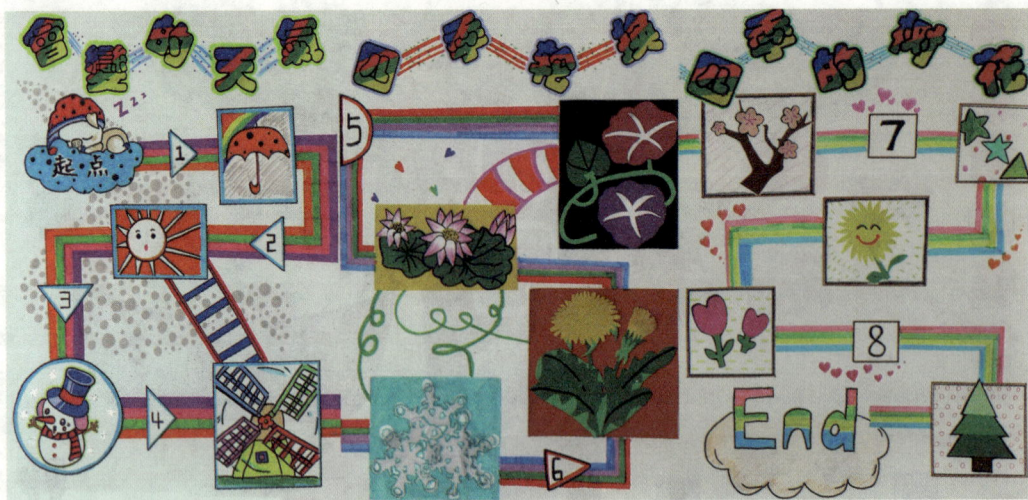

材料呈现：彩色纸、剪刀、双面胶、乳胶、马克笔

过程说明：

　　将"春夏秋冬"中三个小主题以一副旅行棋的形式连接在一起，从第一个小主题"会变的天气"中的"多云的天气"开始一直到第三个小主题"四季的树花"的最后终点。三个小主题的标题用折线连接起来，使整幅作品更完整。

　　在"会变的天气"中以"多云的天气"作为起点，接着依次是下雨天、晴天、下雪天、刮风天，用一个楼梯作为修饰来增加童趣，在背景上加了一块银色的色块来突出整体感。

　　在"四季轮换"中，做了代表春夏秋冬四个季节的花：牵牛花、荷花、菊花和"雪花"，用红、绿、紫、蓝四种颜色的马克笔连接起来，在空白部分还做了一些楼梯和藤蔓。

　　在"四季的树花"中，用四季的向日葵、梅花、松树等做了五块格子，另外加上两格数字格，用蓝、黄、绿、红四种颜色作为每一格的连接线，在云朵上画"End"作为旅行棋的终点，周围空白的地方加上一些爱心作为装饰。

教育价值：

　　整体以一副旅行棋作为连接，富有童趣性的创作能够让幼儿更好地去探究其中的奥秘。让幼儿了解四季中不同的天气、每个季节的代表性花朵，这些都能够让幼儿学到更多关于四季的知识。

水

材料呈现：卡纸、剪刀、胶水、彩色铅笔

过程说明：

　　主题"水"有三个小主题："会变的水"、"在海上，在水边"、"护水卫士"。以白色作为底，画面的主色调是蓝色，并添加一些黄色作为沙滩，这样的搭配会让人眼前一亮。

　　第一小主题是"会变的水"。剪出蓝色的海洋，黄色的沙滩，在沙滩上添加一棵树。这幅画的主题强调的水是可以变化的，所以在画中加入了云、雨点。整幅画表现出了水的不同形状，水可以变成云，云还可以变成雨落下来，流入海洋。在沙滩上，我们还画了一个小人，水从她的手掌流下来，使整个画面有了情节。

　　第二小主题是"在海上，在水边"。从这个标题来看应该有海、沙滩。于是在白色的底上，用蓝色做出一片海，然后用黄色的卡纸，剪出与海所相呼应的沙滩，它们是整幅画的主体。在画的左边加了一棵树，树干是咖啡色，树叶是绿色。在黄色沙滩和蓝色的海水边加入这两种颜色会使画面更加丰富，在水里用水彩笔画上一些水波和太阳的倒影，会使这幅画看上去更加鲜艳，更加丰富多彩。在沙滩上，还画了遮阳伞、椅子等，内容与主题也是一致的。

　　第三小主题是"护水卫士"。这幅画的主色调也是蓝色。画中画了一个水龙头，水从水龙头流出，最后水被手接住，体现了节约用水的主题。在整幅画的左边，我们画了一个护水小卫士，手里拿着一把刀和一个盾。小卫士的头是水的形状，呼应了主题。把这幅画中的水滴、水龙头和护水小卫士都勾了一下边，使画面更加清晰，也不会显得单调。

教育价值：

　　这幅画告诉幼儿不能浪费水资源，要节约用水。让幼儿知道水资源有哪些，懂得保护水资源。

菜筐子

材料呈现：卡纸、胶水、剪刀

过程说明：

　　拿到主题"菜筐子"时，构思后简单在纸上画下草图，根据草图进行创作。先找来绿色的纸来做一棵菜，在卡纸上画出菜秆子的形状，然后用黑色马克笔将它勾勒出来，用同样的方法再画几个萝卜。再剪出各种蔬菜的形状，装上叶子粘在萝卜上，在海报上用POP体写上"菜筐子"，再用马克笔勾边。选的颜色比较鲜艳，能够吸引幼儿的眼球。把画好的蔬菜用剪刀剪下来，用胶水把做好的部件贴到卡纸上。这样主题"菜筐子"就完成了。

"种植园"，先在卡纸上画好萝卜的主体，另外制作萝卜的叶子，剪下来粘贴到萝卜上。用同样的方法制作小兔子、萝卜屋、花朵、萝卜地，把它们剪下来贴在背景上。最后，把打印好的"种植园"剪贴在画面左侧。

"能保健和治病的植物"，在卡纸上画好萝卜宝宝、萝卜、爱心，剪贴在画面中，最后打印、贴好"能保健和治病的植物"几个字。

"街心花园"，画面中的大树、花朵、小鸟、草丛等均采用剪贴的方法制作而成，主题"街心花园"四个字是打印好剪贴上去的。

教育价值：

通过这幅作品，让幼儿知道身边有很多可以吃的植物，有些植物还有保健、治病的作用，从而鼓励幼儿多吃蔬菜；身边的植物还装点了我们的生活，告诉幼儿要爱护公共场所的植物，保护好环境。

动物大世界

材料呈现：卡纸、剪刀、乳胶、直尺、铅笔、海绵板、瓦楞纸、荧光纸

过程说明：

"动物大世界"中有四个小主题"我和动物是朋友"、"不同的家园"、"千奇百怪"、"学本领"，我们分别选取了不同的角度来展现。

在"我和动物是朋友"中，我们根据大班幼儿的认知特点，以具体形象思维为主进行创作。在画中有小朋友、小兔、小熊在荡秋千,根据小朋友、小兔、小熊不同的肤色,在相应的卡纸上画好其轮廓,剪下粘贴在背景上。再用同样的方法做好彩虹、树、花朵。最后,把打印好的艺术字剪下错落地贴在背景上。

在"不同的家园"中,画面中左侧两只小动物在一起欢乐地玩耍,一只大雁从天空中飞过,看到这幸福的一幕也开心地笑了。而在画面右侧,小猴子正把香蕉皮扔到地上、河里,时间一久,河水发出了臭味,地球在被一点点污染,它着急得哭起来了。在不同颜色的卡纸上画好小动物、太阳、地球的轮廓,剪下粘贴在背景上。最后,把打印好的艺术字剪下,贴在背景上。

在"千奇百怪"里,我们选择了不同的海洋生物,用它们的造型来展现"奇",让幼儿通过观察和自己的生活经验认识这些生物,分辨它们的不同,并找出来与同伴交流。在不同颜色的卡纸上,画好海豚、小鱼、海星的轮廓,剪下粘贴在背景上,在背景中画上随着水流舞动的海草,最后把打印好的艺术字贴上。

在"学本领"里,我们做了不同的动物,分别有长颈鹿、小狗、大象、小鸡和蝴蝶,来让幼儿认识动物,知道不同的动物有不同的本领。根据不同的动物的颜色,先在相应颜色的卡纸上画好动物的轮廓、身上的斑点、穿的衣服等部件,粘贴在背景上。再用同样的方法做好太阳、花朵、音符等。最后,把打印好的艺术体字剪下,粘到背景上。

教育价值:

四个小主题有不同的教育意义,它们告诉幼儿在这个地球上有许多不同的小动物,这些小动物都有不同的样子,不同的本领,我们可以和小动物们做好朋友,在一起快乐地成长,但是我们和小动物一起生活的地球正在被一点点污染,为了保护好人类和小动物的家园,我们可以做什么呢?引导幼儿展开讨论:小动物们都有什么样的本领?我们要怎样保护好地球呢?

我们是小小运动员

主题内容:

这个题目让人联想到的就是各类运动项目,这里选择了划船、跳马、做操以及摘果子。为了突出运动的主题,还在两个小朋友的身旁画了许多篮球。

过程说明:

　　首先,选定画面的格局,中间是两个小朋友作为整张画的主体人物,之后在他们周围有一圈小的画面排上各种运动项目。每个小画面中都有那两个小朋友的身影,使看起来很散的画面整合到一起,有整体性。画面的颜色选择了小朋友们喜欢的暖色,有绿色、橙色、亮黄色、咖啡色等。运动本来就是欢快的,这些颜色会使小朋友们感觉更温暖。在白卡纸上画上每个小板块后,就可以把它们剪下来再组合到一起,再拼在一张准备好的有底色的卡纸上。底色选择了用颜料画上粉红色的小点,有种可爱的感觉。因为小板块的颜色和底色比较相近,不能凸显画面,所以在剪小板块的时候,留下一圈白边,周围用咖啡色的马克笔勾边,为了不使画面显得太死板,用灰色的油画棒勾边,呈现立体感。最后选择海绵胶进行粘贴,用剪刀把底色卡纸根据画面的布局适度裁剪,剪成花边状,比较有新意。

教育价值:

　　让小朋友们明白运动的种类不仅仅是只有常见的跑步和球类运动,还有很多他们平时接触不到的运动。而且运动不但可以锻炼小朋友们的身体,也是一种舒缓他们情绪的方式。

第三章 幼儿园活动室环境创设

第一节 幼儿园活动室环境创设概述

活动室一般是指可供幼儿能够自由、自主地发展相关能力的场所,教师在活动形式和内容上的干预较少。在活动室活动时,幼儿能够在一个相对开放的空间内发展自己的交往能力和探索能力。

一、活动室的分类

一般我们将活动室分为几个常设活动室:有美工室、阅读室、建构室、音乐表演室、棋类室、科学探索室、泥工室等。还有些活动室根据不同幼儿园的办园特色而开设。

二、各活动室的介绍牌

在活动室门口会有一块专门用于介绍该活动室玩法和特点的牌子,上面会有"我们可以在这个活动室里做什么? 需要注意哪些?"等温馨提示,这块牌子是给孩子看的,所以一般用"图＋文"的形式来表达,牌子上的装饰部分要符合该活动室的主题,比如棋类室的牌子上可以有孩子们围在一起下棋的画面,材料可以丰富多样,可以用卡纸、橡皮纸、水彩水粉颜料、蜡笔等。

第二节 美工室创设

一、活动室的功能概述

美工室是鼓励幼儿用各种美术"象征语言"表现世界的地方。教师要为孩子提供各种各样的材料,提供的材料无须全都是现成的,也可以有半成品和废旧材料,每一种材料都会对幼儿新创意有启发,如可以提供各种颜色的蜡笔、水彩笔、水粉颜料、墨汁、剪刀、毛毛球、扭扭棒、棉签、滴管、滚轴、手工纸、铅画纸、卡纸、橡皮纸、牛皮纸、纽扣、纸杯等一系列的材料。在马拉古奇那首《其实有一百》中有一句脍炙人口的话:"儿童有一百种语言。"其实孩子可以用无数种不同的方式来表达他们对事物的看法和感受,在美工室内为孩子准备一个作品展示的地方,让孩子将自己满意的作品命名后展示在那里,满足孩子的成就感,也鼓励孩子积极地用自己的双手再现和创造他们的世界。另外,美工室的室内环境也要充分地体现美和艺术感,为幼儿营造一个美的氛围,当环境在无形中达到了艺术熏陶的作用后,幼儿的灵感或许会迸发得更快一些,这也是环境的潜移默化。比如在区域的划分上,可以在美工室内创设泥工区、创意想象涂鸦区、手工剪贴区、想象添画和点画区等。

二、活动室基本材料

1. 纸张:素描纸、卡纸、铅画纸、报纸、牛皮纸、贺卡、明信片、台历、杂志、图片、糖纸、瓦楞纸等。

2. 涂色工具及颜料：蜡笔、水彩笔、彩色铅笔、马克笔、粉笔、毛笔、水彩颜料、水粉颜料、墨水、丙烯颜料等。

3. 美工工具：水桶、调色板、玻璃胶、海绵胶、双面胶、固体胶、橡皮擦、打洞器、剪刀、花边剪刀等。

4. 辅助材料：海绵、棉花、毛巾、毛毛球、吸管、亮片、纸盘、纸杯、纸碗、羽毛、碎纸片、亮片、毛毛球、橡皮泥、棉线等。

5. 其他：绘画用反穿衣、洗手液、鞋套、垃圾桶等。

三、活动室创设目标

在创设美工室时，教师以下面三点为目标：

1. 为幼儿提供多种质感不同、造型不同的创作材料，激发幼儿创作兴趣。

2. 为幼儿提供优美、整洁的艺术创作环境。

3. 为幼儿提供足够开放和自主的创作空间。

四、活动室创设要点

值得注意的是，美工室的区域划分有讲究，与颜料、墨水等画画相关的活动区域要离水源近一些，以方便幼儿在较近的范围内更换水和清洗。美工室要有独立的画板和操作台，在不同区域的操作台上应有幼儿能看懂的提示卡，提醒幼儿在此区域内需要注意的方面。因美工室不同功能的区域较多，每个区域所需的材料都要有规则地整理和储藏。比如纸张和涂色用品有很多种，可以将不同大小的工具、不同颜色的纸张和颜料、不同种类的辅助材料分门别类的摆放出层次，将幼儿比较常用的物品摆放在较方便取用的地方。另外，在美工室内还要有幼儿作品的展示墙。

五、思考与实践

1. 美工室可以创设哪些区域？

2. 请创设一张美工室环境设计平面图，并以小组的形式创设美工活动室。

3. 选择两种美术形式制作手工艺作品，要求：在制作过程中模仿幼儿的思考方式；具有一定的创意性；具有艺术的美感。

五彩缤纷

主题内容:

这幅作品运用于幼儿园美术室墙面设计,画面中的画板以及颜料等材料工具充分表现出美术室的特点。画面中还有幼儿在画画,呼应美术室这一主题。幼儿在美术室进行美术学习活动时,拥有这样的墙面环境可以让幼儿更好地发挥想象,做出好的作品。

过程说明:

这幅作品主要运用了水粉颜料以及彩铅等绘画工具,同时运用剪贴和绘画的手法完成这幅作品。剪贴的形式可以使画面效果更具立体感,能显出主次关系。画面中主要的形象是从一支颜料管中挤出的颜料。幼儿喜欢色彩鲜艳的图画,画面中颜色鲜艳,能吸引幼儿的眼球,正符合了他们的审美特点。画面的安排是画中有画的形式,外面是画板、颜料、彩色铅笔等组成的一幅简单的画面效果。大色块基本是以水粉颜料为主,而细节以及草地则用了彩色铅笔绘画而成的,彩色铅笔更易画出渐变的效果,看起来更加具有真实感。画板上的图片是剪贴下来的,幼儿为动物画画也是以剪贴的形式,这样的效果也让画面看起来更有层次感。中间的一幅图画是幼儿在为各种小动物画画,呼应整幅大图的主题,表现出人与自然、动物之间的和谐。画面的色调主要是以蓝色和绿色为主,绿色是中性色调,蓝色是冷色调,可以让人在看到的时候有宁静的感觉,幼儿在这种环境之下,可以安心创作。

教育价值:

这幅作品中的美术材料和工具是很常见的,但对于幼儿来说,画板、水粉等工具是很少用到的,他们创作美术作品的材料和工具是蜡笔、水彩笔。幼儿看到之后,可以了解到有更多的绘画工具,教师可以适当地介绍这些工具的使用方式。大多数幼儿都很喜欢动物,所以画面中有海底世界的场景,也有幼儿为动物画画的场景,让幼儿从中体会到与动物的关系,知道动物是人类的朋友,要懂得保护动物、保护大自然,与动物和谐相处。

欢乐世界

主题内容：

　　美术室是幼儿自由发挥想象的空间，他们可以用画笔将自己的所思所想都一一在美术室中展现出来，因此作品选用了幼儿十分喜爱的米老鼠，穿扮成画家样子的米老鼠能激发幼儿的创作兴趣，调动他们绘画的积极性，让幼儿能够更自信、更投入地进行绘画。

过程说明：

　　首先是构思，将大致的绘画内容先想好。再打草稿，用铅笔将事先想好的绘画内容画在白纸上。接着上色，将铅笔印痕轻轻擦去，用马克笔勾勒线条并涂色。然后，对作品进行适当的修正，使画面更完美。最后贴字，将事先打印好的"美术室"艺术字贴在适当的位置。

教育价值：

　　孩子的天性是游戏的、好奇的、探索的、梦想的、涂鸦的……孩子天性的呈现需要教育者创造足够的条件，并给予充分的理解和保护。当前幼儿园的硬件设施逐步完善，专用室环境日渐优美，比如，美术活动室里，根据空间大小划分成了绘画区、泥塑区、手工制作区等，为孩子营造了有序的学习空间。但创作形式的局限、材料的单一、规则的呆板，往往在有意无意间限制了孩子的创造，束缚了孩子的想象，压抑了孩子的天性。如果对美术专用室进行一番创意设计，让孩子在更为开放的环境中自由学习和创造，孩子会更加充分地发展，我们会收获更多意想不到的惊喜。

我们小手真能干

主题内容：

　　这幅作品主要讲述的是一个小女孩在画画。画面以手印画为主，运用六种不同颜色的手印包围着画板，显得生动活泼。

过程说明：

　　首先，选用紫色卡纸做底色，用黄色和粉色卡纸剪裁出太阳，粘贴在左上方。太阳下方是一个拿着调色板的小女孩。用肉色卡纸做小女孩的脸和手，橙色卡纸做小女孩的头发和裙子，玫红色卡纸做小女孩的头发。再用红色和橙色卡纸做小花朵，将其粘贴在裙子上，做出一条立体的花裙子。画面右边是一个大画板，蓝色卡纸做画板，并用金色瓦楞纸包边。在画框周围，粘贴上用水粉印出的五彩手指印来表现美术活动的娱乐性。在画板中，粘贴了正拿着画板画画的小男孩，表现出"画中有画"的效果。在右下方用卡纸粘贴了一支立体的画笔，表现出整幅作品的真实感和主题。

教育价值：

　　首先，能吸引幼儿对美术活动的好奇心和兴趣，让幼儿有想亲自动手操作，画画涂涂的欲望。其次，提高幼儿的参与性，让幼儿亲自用双手拓印装饰"画中画框"、在"画中画"中放上自己创作的作品，以此鼓励幼儿通过自己的双手改变环境、美化环境。更重要的是通过这种表达方式为幼儿提供了一个自由表达的机会。另外，整幅作品画面色调统一，在视觉上让孩子感受到色系的舒适感，提高了幼儿的审美度。

美丽的彩虹

主题内容：

这次的主题是"美术室"，选择的是涂色方向。用美丽的彩虹作为线索连接整个画面，使画面既有动感又有美感。

过程说明：

因为是墙面布置，所以并没有选择其他颜色，而是使用和墙面一样的白色。选择的主人公是一个画画的小女孩和她心爱的画板、画笔。

教育价值：

老师通过墙面布置可以吸引幼儿的注意，让幼儿对美术室感兴趣，从而鼓励幼儿进行美术方面的创作。

幼儿美术教育是老师根据幼儿的身心发展规律，有计划、有目的地通过美术欣赏和美术创作活动感染儿童，培养儿童的美术审美能力和美术创造能力，促进幼儿人格和谐健康发展的一种审美教育。

对儿童来说，幼儿美术教育体现了情感教育、创造教育和操作教育三个方面。情感教育是针对幼儿的身心发展来说的，幼儿大都是以自我为中心，并且会不自觉地把情感投入到一些事情上，这种不自觉的移情为幼儿美术教育提供了心理基础。

涂色

主题内容：

　　本次环境设计的主题是"涂色"，以两个小女孩抱着画笔的形象来突出主题。

过程说明：

　　两个小女孩抱着画笔的形象由马克笔来绘制，色彩鲜明，可以给人眼前一亮的感觉并且可以引起幼儿的兴趣。画笔有一条很长的延伸线，在涂色主题设定下，用大量的留白来布置，在这个留白的区域中，幼儿可以自己进行创作并且将作品粘贴在此区域内，可以增加娱乐性和互动性。

　　背景的绘制采用了彩色铅笔来描绘，彩色铅笔没有马克笔颜色鲜艳，所以不会与马克笔的颜色产生冲突，并且以砖墙为背景，可以突出前面的色彩。

教育价值：

　　在这墙面布置中，孩子们的画都是可以自由取下的，这样就可以让幼儿自己动手，提高幼儿的动手能力，也使环境布置不仅增加了美观性还增加了参与性。

小小涂鸦室

主题内容：

　　幼儿园的小朋友们拥有他们的集体美术室，在这个美术室里有着明朗的光线和舒适的环境。这里有着许许多多多能够让小朋友们绘画创作的美术材料，这些美术材料可以培养幼儿的绘画兴趣，体会到绘画的乐趣，培养他们对事物的观察能力，陶冶幼儿的艺术情操。

　　在作品中，有一朵鲜艳美丽的大向日葵，向日葵正迎着太阳微笑。因为向日葵太大太高了，所以小朋友们借助梯子往上爬，然后用画笔在向日葵中画画，他们非常开心地画着蓝天白云、五颜六色的彩虹。

过程说明：

　　整幅画面以暖色调为主，用鲜艳的颜色激发幼儿绘画的兴趣，同时也能培养幼儿对事物的观察能力。在构图上，以向日葵和小朋友为主体形象。材料上综合运用，使用海绵垫、马克笔、彩色卡纸等绘画工具进行绘画，并用剪贴画的形式做出立体效果。

教育价值：

　　1. 认知：通过描绘大自然，让小朋友们学会观察作品中的内容。3—6岁的幼儿观察力发展迅速，让他们观察画面，学会理解图片中所要传达的内容。幼儿通过观察，领悟作品内涵。

　　2. 情感：幼儿的情感易于激发、易于显露，对喜怒哀乐容易产生共鸣，所以他们总是以强烈的情感去迎合艺术作品。因此利用绘画内容，并且通过教师的讲解可以让小朋友们得到强烈共鸣，以此让小朋友们体会到绘画的乐趣。

　　3. 技能：让幼儿通过欣赏作品，懂得作品中的内涵，培养绘画兴趣，并且学会用简单的绘画工具绘画，比如马克笔、水彩笔、蜡笔、彩铅等，并学会以剪贴画形式丰富作品内容，提高绘画技能。

小画家

主题内容：

　　主题是"小画家"，通过一个调色盘来表现。调色盘上有缤纷的颜色，和完成的作品。

过程说明：

　　对开的淡黄色卡纸，剪成调色盘的形状，在上面随意地用水粉颜料上色，这样让幼儿也可以大胆作画；此外，还制作了六张小的水粉画，其中有拇指画，即用自己的手指蘸上颜料在纸上作画，一幅是粉色的梅花树，一幅是绿色的苹果树，还有一幅小黄鸡吃米的拇指画，让幼儿模仿也可以自己创作；除了拇指画还有简笔画，如熊猫、鱼等，给它们涂上颜色即可；另外还有风景画，先用白色和黑色的蜡笔画出冬天的雪景，最后用黑色颜料刷底，这样做是因为黑色颜料不会遮盖白色蜡笔的地方，便于小班幼儿制作；最后分布在调色盘的底上，看上去就像是展示幼儿自己的画作一样，能激发幼儿创作的欲望，鼓励幼儿自由想像、大胆创作、体验涂画的快乐，也鼓励幼儿展示自己的作品。

教育价值：

　　该作品表现了幼儿发展的游戏性、纯真性和循序渐进性。喜欢游戏和玩具是幼儿的天性，幼儿园美术室可以使幼儿进入到没有拘束、大胆想象创造的美术游戏之中。该作品鼓励幼儿表现自己，可以用自己身体的一部分作画，表达自己的想法和喜好，展现出纯真的童心世界。另外此时小班幼儿处于涂鸦期，他们乱涂乱画，没有较形象的物体，而美术涂画室则给此时的幼儿提供了一个很好的空间，让幼儿在宽松、自主的创意活动氛围中尽情地发挥想象，创造地表现美，激发幼儿的艺术情趣，鼓励幼儿大胆进行艺术表达，体验艺术创造活动带来的快乐。

我是小画家

主题内容：

　　幼儿园的小朋友们拥有他们的美术室。美术室有着明亮的光线和充满趣味的环境，有着许许多多能够让小朋友欣赏和学会本领的图画书和美术作品。一个小女孩手握毛笔画出五颜六色的彩虹，在这五彩的彩虹上有两幅生动形象的作品，以此为思路对美术室进行设计。而这幅画的目的就是让小朋友在画画的世界里畅游，并且热爱画画和手工。

　　在作品中，拿出一支笔，便有了一大片的五颜六色的彩虹，彩虹上散落着有趣的图画：秋天是个丰收的季节，小熊收获了许多好吃的苹果；小棕熊和小白兔结婚了，手里提着剪出的囍字，十分幸福。

过程说明：

　　整幅画面以五彩为主，这是为了让小朋友们能够在轻松的环境下发挥想象力作画。鲜艳的彩虹也让人有种置身于五彩世界的感觉。

　　在构图上，以彩虹上的画为主体。材料上综合运用瓦楞纸、钙塑板、卡纸和金银纸进行创作，用剪贴画的形式突出个别立体形象。

教育体现：

　　1. 认知

　　通过描绘彩虹的画面，让小朋友学会观察作品中的内容。3—6岁的幼儿观察力迅速发展，让儿童观察画面，认出这些是什么，学会把图片中的内容联系到美术中。幼儿通过观察，学会观察，领悟作品内涵。

　　2. 情感

　　幼儿的情感易于激发，易于显露，对喜怒哀乐容易产生共鸣，所以他们总是以强烈的情感去感受艺术作品。因此利用绘画内容，并且通过老师的讲解可以让小朋友们得到强烈共鸣，画面中画笔挥开，出现了彩虹，以此让小朋友知道用五颜六色可以创造许多生动的画。

　　3. 技能

　　通过欣赏作品，学会用简单工具绘画，比如马克笔、水彩笔、蜡笔、彩色铅笔等，让小朋友学会用剪贴画来丰富作品内容，提高绘画技能。

我叫小画家

主题内容：

美术活动室是幼儿园小朋友们集体拥有的活动室，幼儿很喜欢美术活动室。在这里，幼儿可以在画画、做手工、做黏土、折纸等活动当中感受美的存在，增强艺术感知力，获得愉快的情绪。这幅画的目的就是让小朋友在图画中能够体会到什么是美、什么是艺术，并且热爱美术。

作品用三叶草符镶框体现出画面的整体感。画面的右侧是用各色的卡纸制作的一个画画的小女孩。她手里拿着调色盘和画笔，而左侧则用海绵状的棕色纸做了一个画板，画板上贴了一些幼儿的画作。这样既可以展示幼儿的优秀作品，又可以激励幼儿的创作兴趣，让幼儿更积极地把自己的优秀作品展示在老师的墙面布置上。

过程说明：

画面清新多彩、丰富有趣。在构图上，以画画的小女孩为主体。材料上综合运用水彩、马克笔等绘画工具进行绘画，并以剪贴画的形式突出个别立体形象。

教育体现：

1. 认知

通过描绘美术活动室的画面，让小朋友感受图画中的艺术美，从而认识美、创造美。丰富的色彩、鲜明的布局、贴近生活的素材，可以使幼儿更好地认识到什么是美，并创造出美好的作品。

2. 情感

丰富多彩的美术活动离不开心理活动，如听觉、记忆、语言、想象等。除此以外，美术作品本身蕴含着感情，它可以促进孩子的情感发展。

3. 技能

通过欣赏作品，学会用工具简单绘画，比如马克笔、水彩笔、蜡笔、彩色铅笔等，还能让小朋友学会以剪贴画形式丰富作品内容，提高绘画技能。

一起来画脸谱

主题内容：

主题是美术室。一提到美术室，首先想到的就是孩子们拿着各色油画棒和水彩笔在涂涂画画，于是用红色卡纸做了一只大大的绘画毛笔，用黑色马克笔勾边，并在其后做了一层更大的白色底边，依旧用黑色马克笔勾边。

过程说明：

在美术室里，不仅能画画，还能够了解中国的传统民俗和民间文化。因为想让孩子们也感受到京剧的美与魅力，所以这里决定用脸谱做美术室的主题。

主人物是个红脸武生。京剧脸谱中的红色象征着忠勇、正义、威武、庄严，大多用于表现富有血性的人物。整幅作品都采用剪贴的方式完成，使之富有立体感与层次感。先用黑色、红色、黄色卡纸做好脸部，再用深红色剪出不同大小的圆，用金黄色剪出冠的形，辅以红色的花边。之后便是做红脸净角身后四面威风凛凛的旗，绛红色的旗杆，黄色的花纹，黑色的枪缨，垂下的四面红色大旗。旗与脸谱的拼接过渡自然，透露着浓浓的中国民俗气息。

在作品的下方，还制作了三个小孩子，手上拿着画笔与调色板，正在空中画着什么。

教育价值：

让孩子们从画画开始了解中国的民俗文化，用自己的画笔画出喜欢的脸谱，增进对中国国粹——京剧的了解，同时弘扬中国文化。

第三节 阅读室创设

一、活动室的功能概述

阅读室是幼儿进行阅读活动的区域。在这个活动室内，幼儿可以阅读纸质图书，也可聆听故事，还可以与同伴一起轻声讨论图书的内容，培养幼儿对画面和文字符号的理解能力，养成良好的阅读习惯和兴趣。

二、活动室基本材料

1. 阅读材料：各类纸质图书及绘本、布书、可触摸的书、报纸、杂志、图片、照片等。
2. 其他：点读机、录音机、桌子、椅子、沙发、抱枕、地毯等。

三、活动室创设目标

在创设阅读室时，教师以下面两点为目标：

1. 为幼儿提供各种优秀的、具有艺术美的绘本作品。
2. 为幼儿提供健康、安全、安静的阅读环境。

四、活动室创设要点

需要我们注意的是：幼儿看书的地方是否有阳光直射的情况，看书时的光线是否充足，阅读的氛围是否温馨舒适、能否促进幼儿集中注意力。教师要在阅读室的环境创设上下工夫，因为阅读室是培养幼儿静下心的能力的地方，相对于好动的孩子来说更需要一个合适的环境来促进该能力的培养，并培养出幼儿的阅读兴趣。从心理学角度来说，较为柔和的冷色调可使好动的孩子平静下来，浅蓝色和黄绿色有利于提高孩子的智商，但在取书的书架处不宜选择较阴冷的颜色，以免造成孩子的情绪消极低落，从而丧失阅读的欲望，在此处教师可选用柔和的暖色调加以调配，两处区域的整体色调要和谐，在比例上要有所选择，为幼儿创设能保持安静专心的环境。一般教师可以在阅读室里创设不同的阅读区域：可以放几个靠枕让幼儿放松地阅读；可以用地毯和软垫铺成一个特定的区域让年龄小的幼儿玩一玩触摸书；可以规整地放一些桌椅，在靠近桌椅的地方摆放书架，方便就近取书；还可以设计装饰一些卡通造型的情境，比如小木屋房子，幼儿可以钻进去看书，或者创设一个森林的情境，用小树桩作椅子，耳边播放一些鸟鸣虫声的音效；还可以给幼儿创设一个私密的空间，在里面幼儿能和同伴轻声细语，说说悄悄话等。

五、思考与实践

1. 阅读室创设的要点是什么？
2. 请创设一张阅读室环境设计平面图，并以小组的形式创设阅读活动室。
3. 以"图＋文"的形式制作两幅阅读室注意事项的海报，要求：画面上文字的比例不能超过四分之一；具有一定的教育价值；具有艺术的美感。

六、教学图例

我爱读书

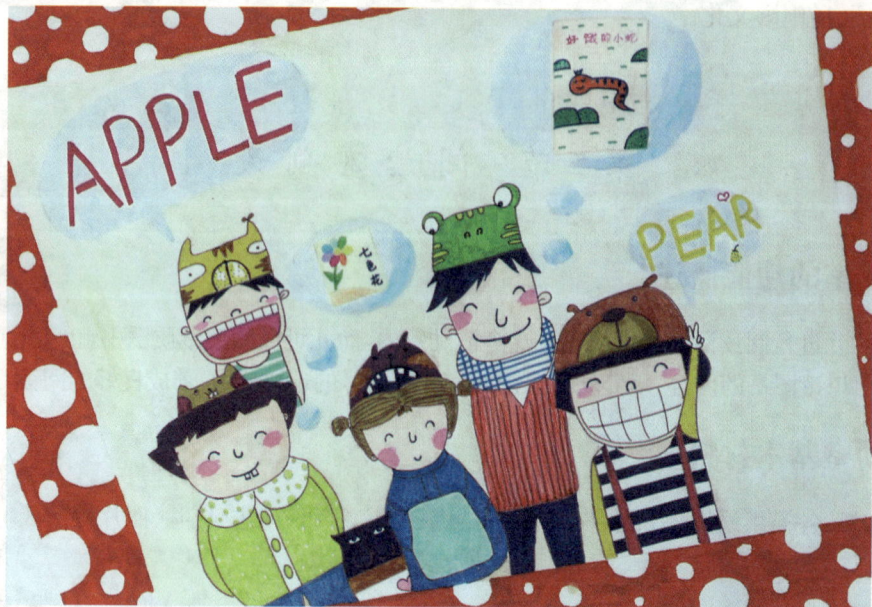

主题内容：

　　要让幼儿对阅读产生兴趣,那就要想办法让画面吸引幼儿的注意,因此用照片的形式展现主题。在画面中画了一个相框,里面是一张有好几个小孩一起开心大笑的合照。相框选用了亮眼的橙色,以此来吸引幼儿的眼球,在相框上还加了一些不规则的圈圈,使画面看上去更可爱,符合幼儿的审美倾向。照片中的小孩们都开心地大笑着,有的说着刚从书中学会的简单的单词,有的则是想着刚刚看完的精彩的绘本故事。

过程说明：

　　在这幅画中,选用了多种材料来表现画面,有水彩、水粉、马克笔和彩色铅笔。通过不同的材质来表现画面,这样可以更接近幼儿对事物的感知。而相框用了水彩是因为这样更能突出它的质感,更贴近实际。整张画面我运用了暖色调,因为阅读是件令人身心愉快的事,而暖色调更能表现这样的心情。

教育价值：

　　大部分人说到阅读室时就会想起书本,于是就选择用书本来表现阅读室。但在这里我们打破常规,选择了歪斜着的照片。在照片中表现的是一群小孩看完书之后十分快乐的表情,感觉还意犹未尽。这样的画面可以使幼儿也想看书,体验阅读的快乐。

书的世界

主题内容:

　　直观的书本形象能一下点出活动室的主题内容,因此我们选择了一本闭合的书作为主体。

过程说明:

　　语言室能让人想到图书,通过封面的设计来体现主题室。幼儿园中的环境布置都有一定的依据。不同主题、季节、节日等都会影响到环境布置。一般环境布置都以贴近生活、贴近幼儿周围事物为主。而书本中的许多故事、童话都将超出生活,天马行空又使人向往探索。将时间定在圣诞夜,一个欢快的节日。背景为夜晚星空中飘散着小雪,朦朦胧胧,夜空与陆地模糊地相连着。圣诞麋鹿载着女孩飞向夜空。我们的小朋友化身为正在探险的孩子,打开了这扇通向梦幻世界的门,走进书本、走进美妙的故事世界。

教育价值:

　　幼儿具有好奇心、探索精神,向往美好事物。通过环境创设这个媒介,将幼儿带入语言世界,让幼儿步入书中的梦幻世界去打开那扇"门"。用探索的精神去发现书中不可思议的世界,对幼儿不仅仅在语言发展上有帮助,在想象力、探索精神的发展上都有帮助。

书的海洋

主题内容:

　　书架是阅读室最基本的要素,所以在画面中有三个书架,一个小女孩在书架上取书,一个小男孩坐在地上津津有味地看书。

过程说明:

　　橙色的地板和绿色条纹的墙壁使画面鲜活起来。当中的书架选用了淡灰色,稍微远一点的小书架则是选择了深灰色,这样可以从颜色上表现物体间的距离感。同时也采用不同的颜色给不同类型的书上色,例如大红、粉红、黄色、绿色等,让人觉得书的种类非常丰富。

　　这张画的主角选择了两个小朋友,一个坐在图书馆的地板上面对大家翻看书,另一个则是背对大家站在梯子上拿书。

教育价值:

　　图画传递的信息更直观、更多、更易被接受,画面中温馨的阅读氛围会向幼儿传递出"阅读是件快乐的事"、"阅读室需要保持安静",一切尽在不言中。

开开心心来看书

主题内容:

　　画面构图简单明了,左右两边两个小朋友捧着"安"、"静"两个字,提醒幼儿在阅览室要保持安静,使环境布置起到"说话"的功能。

过程说明:

　　画面的颜色比较亮,以红色、紫色和绿色为主,这些颜色也是幼儿喜欢的颜色。在画面的上方是一个舞台的帷幕。

教育价值:

　　这样的环境布置能让孩子知道在"阅读室"读书要安静。可爱的风格能吸引孩子的注意。画中微笑着看书的孩子也能感染幼儿,激发起读书的兴趣。

畅游书海

主题内容：

　　这幅阅读室作品以卡通人物和大书本为主，卡通人物的表情十分怡然自得。画面富有童趣，能培养幼儿的阅读兴趣，感受读书时的乐趣。

过程说明：

　　用粉红色作为主色调，搭配奶黄色（安静温和）、红色（不显沉闷）、绿色（保护视力）等，再布置画面中书本、人物、树叶的位置，让画面呈现出温馨又不失活泼。

教育价值：

　　这幅作品中幼儿安静地坐着、趴着、站着阅读书籍，体现了在安静的阅读室内幼儿可选择自己喜欢的、舒适的方式和姿势阅读书籍。而画面中的书籍摆放整齐，从环境上暗示活动室内的书籍要摆放规整，看完书要放回原处，具有隐形的教育意义。

快乐书吧

主题内容：

    创设两个小朋友认真阅读的场景，作为幼儿园阅读室的墙面布置。两个形象生动的卡通人物手中拿着一本书在阅读，富有童趣。为了让这个阅读的场景更加生动，在书本上方贴了几个英文字母，营造出这些字母是从书本中蹦出来的效果，好像是小朋友把它们"读出来"一样的。然后在旁边画几本书，衬托出书吧的氛围。最后再把主题"阅读室"贴上去，整幅画就展现出了在书吧中认真阅读的场景。

过程说明：

    在白色的卡纸上画上两个小朋友看书的场景，用马克笔涂好颜色，再用黑色马克笔勾边。由于是黑色的背景，所以把剪下来的画再贴到粉色背景上，剪一圈粉色的背景来做出粉色边框的视觉效果。再画两叠书，每叠三到四本，涂好色后剪下来，同样贴在粉色的背景纸上，再剪一圈边框，做出粉色边框的视觉效果。"阅读室"这三个字涂色，用三种颜色搭配，有渐变的效果。

教育价值：

    阅读室可以让孩子接触不同类型的书籍，让幼儿接触不一样的世界，从书中认识到在平时生活中所没有的事物。在阅读时，幼儿可以变得安安静静、认认真真，还可以在阅读中体会书中主人公的不同情感，增进幼儿间的友谊，从而起到情感教育的作用。幼儿还可以从阅读中学习到许多新知识，这些都是无形中学会的本领。

一书一世界

主题内容：

阅读室是供幼儿阅读书籍的地方,把书籍设计成花洒,浇灌着一些小草小花,而小花的上方是"阅读室"三个字,在白色卡纸的底部贴上绿色的卡纸,代表一大片草地。有了书本当然少不了笔,把卡纸剪成三支铅笔的形状,再用马克笔涂上彩虹色,在卡纸的上方画上彩虹和云朵,在空白处用马克笔画上各种颜色的数字和字母,打造出一种充满知识的氛围。

过程说明：

先剪一个花洒状的书本,用马克笔涂上颜色,再用淡绿色的卡纸拼接成草地形状,用深绿色卡纸剪成草丛形状贴在草地上,接着在草丛顶部画上"阅读室"三个字,在花洒后画上彩虹,在卡纸的左边贴三支彩虹色的铅笔与书本呼应,最后在空白处画上各种颜色的字母和数字。

教育价值：

通过生动形象的画面效果,让幼儿体会到阅读的快乐,真正爱上阅读。另外,画面中有书做的花洒将"安静"的水滴洒向阅读室的小苗苗,浇灌其茁壮成长。温馨恬静的画面暗示幼儿在阅读室要安静看书,不能影响他人,保持一个良好的阅读氛围,从而提高注意力和专注度。

语言活动

主题内容：

　　画面中的主要内容是一名老师在讲台上教小朋友们识字，"语言活动区"这五个字在黄色的背景下显得十分显眼，四周环绕的彩色树叶也为整个画面增添了色彩。我们的黑板是很传统的黑底棕色边框，黑板上七个大字是小朋友们最先接触的字，和蔼的老师手执教鞭指着字。整个画面活泼自然，给人一种身临其境的感受。

过程说明：

　　这幅画底板是白色卡纸，明亮清晰，再运用各色的彩色铅笔画出丝带、花纹，再用卡纸剪贴出黑板、老师、文字、边框等。彩色铅笔勾画的丝带缠绕着文字，这样就不会显得太过生硬和刻意，同样用彩纸剪出的小人造型围成边框，做出梦幻的感觉。

教育价值：

　　整幅画面以语言活动为主题，围绕它们展开了一个学习语言的画面，画面既简单又不乏趣味，在老师教导学习的主题上以及细节都处理得较为细致。通过卡通地再现小学课堂，让幼儿对小学生活充满期待，做好进入小学的准备。

学字母

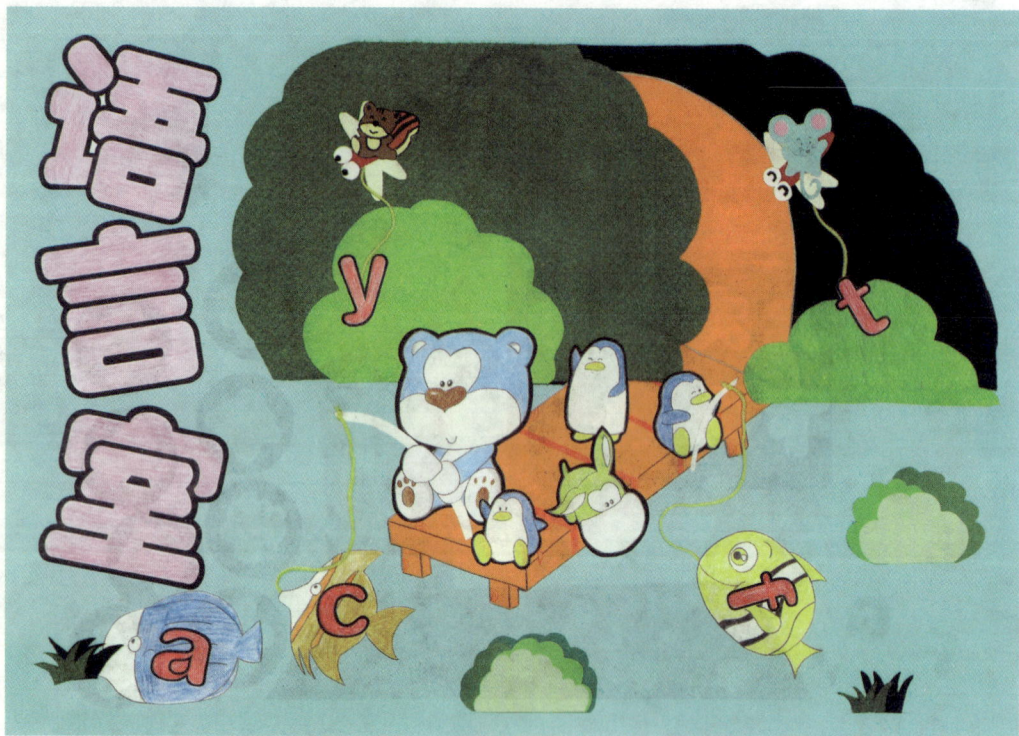

主题内容：

作品灵感来源于"授之以鱼不如授之以渔"。为了贴合语言室这一主题，所以把字母贴在了鱼的身上，那小动物们钓起来的就是"字母鱼"，如果钓到了"字母鱼"，说明小朋友学会了这个字母。这个画面的背景是森林里的湖边，不仅营造了一种愉快的气氛，还在游戏过程中学到了知识。整个画面中有很多小动物出来游玩，有的在钓鱼，有的乘着蜻蜓飞来飞去，动中有静，静中有动。草丛中一条小路从小河边延伸到草丛深处，让人有一个想象的空间。

过程说明：

人物颜色与淡蓝色的背景颜色比较相近，所以为人物加了一圈黑色的边来突出人物。按照一般的视觉习惯，整个画面的中心地带是最先被关注的，所以把人物放在了中间的位置，整个画面颜色还是比较宁静安逸的，让人感觉舒适。整幅画面冷色调的颜色较多，其中只有木桩、小路的颜色是暖色系的颜色，所以把"语言室"三个字的颜色选为粉红色，使整个画面有多一点的对比色。

教育价值：

让幼儿初步了解字母的基本特征。学会感受学习中的快乐，感受小伙伴之间的友谊，享受温馨的欢乐时光。学会读字母，进一步地运用字母组成文字。

欢乐书趣

主题内容：

　　阅读活动室是一个安静的活动角。在阅读角的墙面上有一扇门，预示着小朋友们进入这扇门后来到阅读角，可以安静地读书。门的周围有花朵围绕，有绿树包围，充满着大自然的气息，能带给小朋友们轻松愉悦的心情。

过程说明：

　　首先，选择白色对开卡纸作为底板，然后选择大红色卡纸做门，比较鲜艳、明亮。再用肉色钙塑板来点缀这扇门，然后再用各色钙塑板剪出大小不一的花朵，把它们沿着门贴一圈，之后用绿色钙塑板，层层粘贴，做成树冠，再用咖啡色钙塑板做成树枝和地上的草。

教育价值：

　　希望这样的环境布置能引起幼儿的阅读兴趣，让他们喜欢阅读、热爱阅读，从阅读中获取知识和乐趣。

阅览室

主题内容：

　　阅览室对幼儿来说是一个非常重要的地方。教师应该要引导幼儿对读书产生兴趣，让幼儿想要主动获取知识，阅览室的墙面设计则要突出对幼儿的引导作用。考虑到幼儿对明亮色彩更为喜欢，这里用比较明亮的色彩来布置整个画面。在阅览室，不仅要让幼儿对读书产生兴趣，更加要让幼儿养成安静读书的好习惯。

过程说明：

　　在整体的布局上，考虑到儿童的年龄特点，要用更加直观的形象来影响他们。既然是阅览室，用书作为大背景，右侧是一个正在读书的小姑娘，让幼儿在看到这个布置的时候，萌生出想要读书的意愿。这里选用了比较明亮的色彩，来吸引幼儿的注意，也使整个布局都比较丰富。

教育价值：

　　用环境的渲染来让幼儿对读书产生兴趣。整个画面展现出一种明朗、积极向上的气氛，让幼儿在这种气氛中进行阅读活动，耳濡目染。画面中女孩安静地写着字，而一旁放着整齐的书籍，从画面环境中暗示在阅读室中活动的规则：要安静地阅读；看完的书籍摆放整齐；用正确的坐姿读书等。这些都是这幅作品传递给幼儿的隐性的信息。

开心阅读

主题内容：

　　在淡绿色为底色的卡纸上贴上深蓝色和浅蓝色的卡纸作为海水，用白色的笔画出浪花，上面再用深橘色的纸作为大陆，大陆上有一本书，书中有一棵参天大树——"智慧树"，上面有许多智慧的枝桠等着我们去学习。海水中有一条鲸鱼，像是在知识的海洋里遨游。

过程说明：

　　"ABC"和"123"象征着书本中的知识，等着我们来翻书阅读。底下还有四个艺术字"开心阅读"表示这是一个快乐的学习海洋。淡绿色的底色让人的视觉感受十分的舒服，幼儿不易产生视觉疲劳。

教育价值：

　　1. 认知

　　幼儿年龄小，墙面环境的创设要让幼儿能直观体会出这是一种什么样的环境。图画接近自然，易使阅历浅短的幼儿产生共鸣、易于理解，便于他们欣赏、借鉴、表现。造型稚拙、简洁让注意不持久的幼儿有较快的感知。内容为幼儿熟悉的、符合认知发展的内容。

　　2. 情感

　　幼儿年龄小，要给他们创造一个宽松的阅读环境，支持、鼓励、吸引幼儿进行阅读，给他们自由的时间进行遐想，根据自己的兴趣爱好来阅读喜欢的书。环境是重要的教育资源，应通过环境的创设和利用，有效地促进幼儿的发展。良好的阅读环境，不仅能激发幼儿的阅读兴趣，帮助幼儿埋下一颗爱书的种子，培养幼儿良好的情感，还会把教学目标无形中变成孩子的内在动机和需求，从而提高阅读质量。阅读室环境布置恰当将有利于幼儿的阅读，可以促进幼儿的情感发展。

　　3. 技能

　　幼儿是室内活动的主人，因此创设室内环境时，一切都要从符合幼儿的特点和兴趣出发，使幼儿对室内的环境产生安全和舒适感。室内环境的色调应用美观协调的浅色调布置，不能让人感到眼花缭乱，这样会使幼儿产生压迫感和浮躁感。活动室互动墙的内容应一目了然，突显主题。活动室创设的整体性能够改善空间环境,培养幼儿良好的生活习惯,使幼儿学会与同伴如何相处交流、相互信任,也可以促进幼儿注意力、观察力、创造力和各种技能的发展。

第四节　建构室创设

一、活动室的功能概述

　　建构室是幼儿根据自己的水平、兴趣和需要来选择材料进行个别或小组的操作活动。建构室的创设一方面通过投放各种色彩鲜明、富于变化的材料吸引幼儿操作,激发幼儿对建构的兴趣,一方面让幼儿在玩的过程中达到一定的技能要求,促进空间结构、色彩搭配、想象力的发展以及创造表达能力的发展,同时锻炼幼儿的小肌肉及精细肌肉的协调、稳定,促使不同能力水平的幼儿都能得到一定的发展。

二、活动室基本材料

　　1. 建造工具
　　不同大小、材质、形状的建构材料。
　　2. 游戏材料
　　手推车、搬运车、汽车、交通标志、树、房子、农场、动物园、公园等各种模型。
　　3. 其他
　　地毯、用以模仿拼搭的实物照片等。

三、活动室创设目标

　　教师以下面三点为目标:
　　第一,为幼儿提供既能互相交流、共同合作,又能互不干扰、能专注投入的环境。
　　第二,为幼儿提供能促进幼儿空间感发展的环境及材料。
　　第三,为幼儿提供能充分表达、表现的环境。

四、活动室创设要点

　　在创设环境时,我们要注意的是,要充分地体现建构室材料投放的层次性,教师不应投放一些一成不变的材料,让幼儿反复地玩,这样会削弱幼儿对建构的兴趣,导致幼儿不想来这个活动室。教师可以提供一些半成品,如用雪花片搭到一半的东方明珠,让幼儿继续完成作品;教师也可以创设一个比较大的、装饰不是很精美的区域,收集一些废旧的材料,如空的小酸奶瓶子、卷筒纸的纸芯和纸板用来供给幼儿搭建高楼大厦,看似是无目的、无主题的搭建,但实则是充分地给了幼儿想象和表达的空间;教师还可以创设一个有情境的区域,如"小小动物园",在里面创设各种各样的动物居住的场景,让幼儿用乐高玩具拼动物或和同伴玩角色扮演,还可以为幼儿创设一个建筑工地的场景,让幼儿合作分工,有人做工程师设计图纸、有人做建筑工人建造房子,幼儿会随着游戏的推进生成新的角色。

五、思考与实践

　　1. 建构室会对幼儿哪些能力的发展起到促进作用?
　　2. 请设计一张建构室环境平面图,并以小组的形式创设建构活动室。
　　3. 选择一种材料搭建两个建筑。要求:一个建筑物在制作过程中模仿幼儿的搭建方式进行搭建;另一个建筑物具有一定的创意性和艺术性,可起到供幼儿模仿和启发思路的作用。

六、教学图例

缤纷色彩

主题内容：

幼儿园的建构室会让人联想到各种积木、拼图。用拼图的拼块装饰边框，错落有致的拼块就像幼儿在玩耍过程中无意散落而成的。深浅不一的蓝色使画面更加立体，也能和浅黄色的底色相应和，在颜色上给人协调的感觉。

过程说明：

建构室是幼儿最喜欢的活动室之一，他们能凭自己的想象力随意搭建自己喜欢的建筑、城堡等等，所以选择了两个活泼可爱的卡通人物，他们做出的手势好像在说"欢迎来到建构室"。卡通人物的形象具有童趣，是极受幼儿欢迎的，在情感方面也和幼儿进一步拉近了距离。在颜色方面我们选择了暖色，这样能和蓝色的边框区别开。此外，还对人物进行了勾边，进一步凸显人物的形象，使整幅画具有立体感。画面的中心是一座用积木搭成的城堡，每块积木的颜色和形状不一，这更符合幼儿园的实际情况，在颜色方面同样选择了暖色，然后用冷色的马克笔在积木上进行勾勒，这样使原本单调的积木有了活力，更能吸引幼儿的注意力，激发其活动兴趣。所有的绘画元素都采用剪贴的方式，这样使画面更加有立体感。幼儿的思维是跳跃的，具有创意和喜欢新奇的，所以在整幅画的上方摆放了许多造型不一的卡通小汽车，再用弹簧进行装饰。整幅画色彩搭配得当，主题突出，具有童趣，是幼儿喜欢的装饰画。

教育价值：

通过建构装饰画，让幼儿直观地了解建构室的特点，通过画面的形象和童趣性，让幼儿喜欢建构、喜欢搭积木，进一步培养幼儿的创新意识和想象能力。冷暖色的和谐搭配也能培养幼儿对于颜色探索的兴趣。

一起搭积木

主题内容：

建构室常常让人联想到房子。所以整幅画面以淡绿色与淡蓝色的组合为背景。一条深咖啡色的石子路引我们进入整幅画。五幢不同颜色的房子错落地叠在一起形成一个主体。五幢房子都是被树丛包围的，每幢房子的窗台上也都有绿色植物相互呼应。

过程说明：

整幅画都运用了夸张的手法。五幢房子虽然都各不相同，但都有相似的地方形成呼应，如窗户的颜色。通过一幢幢不规则的房子叠在一起增加了童趣，显得可爱俏皮。房子和树林的组合取得协调之美，用一种简单、鲜明的形式来呈现建构室。夸张的卡通房子造型有通俗性与高度清晰的识别性，使画面表现得较为自由、充满个性。整幅画色调以绿色为主，橙色为辅，显得很温暖、清新。用有珠光效果的卡纸做房子的屋顶提亮了整幅画的色调，在日光的照射下会有不同的效果，增加了看画时的趣味性。

教育价值：

让幼儿在看到这幅画后能一下子就知道这个活动室是干什么的。用剪贴画的形式像搭积木一样完成了这幅画，幼儿就会知道在建构室要做的活动与游戏都是一个一个搭建起来的。同时，也让他们意识到绿色是生命的象征，我们的生活与大自然是息息相关的，只有保护好大自然，我们的家园才会更加漂亮。通过这幅画也希望培养他们保护绿色家园的理念，让幼儿从心里爱上大自然。

让幼儿在看到这幅画后便会想要住在这些房子里，爱上这里的环境，对建构活动产生兴趣，从而乐于参与建构室的活动。在建构过程中逐渐培养幼儿的创造能力和想象能力。在平时的创作中发挥潜能、建立自信、享受成功，让艺术融入生活、融入思维。

用剪贴画的手法完成了这幅画。选用各色的光面卡纸以及有珠光效果的卡纸为主要材料进行创作。把剪裁过的卡纸进行组合，用剪贴造型使物体或人物形状的大轮廓和比例更明确。巧妙地利用材料的特点，充分展示了材料的美感，增加了整幅画面的立体感，使整个画面更有趣味性。

我是建筑师

主题内容：

　　建构室是指孩子们在最自然、最本能的创造、玩乐和学习中,通过动手搭建、观察、提问、设想、表达和交流的探究活动,为促进儿童的全面发展打下良好的基础。整幅作品的主体是各式各样、五颜六色的房子,旁边有两个小朋友扮作建筑师,认真指挥着画面中的建筑工作。另外,在画面上散落了许多不同形状的积木,也是五颜六色的,这些都告诉幼儿可以用建构室里的积木搭出不一样的造型,让幼儿体会到作为小小建筑师的乐趣。

过程说明：

　　幼儿园环境是幼儿艺术活动开展不可分割的一部分,充满艺术感染力的环境可以给幼儿以美的享受,使幼儿园成为安全、温馨,充满美、童趣、快乐的家园。它有时是艺术活动的起始,有时是艺术活动的延伸。它让幼儿在生活和探索中发展创造性,并体验其中的乐趣,从而促进幼儿的成长。随着审美能力的提高,人们对幼儿园环境的要求已经从最初的实用需求跃升到审美需求。

　　色彩是画面设计中最为生动、最为活跃的因素。色彩最具表现力,通过人们的视觉感受形成丰富的联想,往往能给人们留下深刻的第一印象。因此,画面色彩是幼儿园环境布置应考虑的重要因素。

教育价值：

　　通过这幅作品中漂亮的房子、色彩鲜艳的积木等,幼儿可以体验到丰富的色彩带来的乐趣,从而知道在这个区域里可以选择自己喜欢的建构玩具,用想象来建构一片天地。

　　在遇到问题时,幼儿会和同伴一起协商解决。在搭建较为复杂的结构时,幼儿常常需要与同伴进行合作,在合作的过程中将有更多的机会获得社会性发展。

　　幼儿通过反复观察与接触积木,能积累大量关于积木的形状、质量、颜色等感性经验,这有利于幼儿在今后将这些经验迁移到对客观世界的认识上,为概念的形成和语言文字的学习打下基础。同时,在搭建积木的过程中,物与物的联系(即积木与积木的联系)也将逐渐展现在幼儿面前。因此,通过积木游戏,幼儿可以获得力、平衡、数等早期朴素的科学经验,为将来的认知学习作好铺垫。

小小建筑师

主题内容：

　　幼儿园中都有一块建构区，在这里孩子们可以进行搭建活动，体验到搭建的乐趣。画面中的建筑是孩子们非常熟悉的，而且建筑的颜色也选择了亮色比较多，很有家的感觉。

过程说明：

　　在材料的选择上，房子选用了普通的平板纸，也不包边，为了突出人物，房子不需要做得过于凸显，尽量把它简单化。制作建筑工人用了许多不同的材料，有钙塑板、金纸等。建筑工人的形象也做得非常精细，眉毛眼睛都是剪贴而成，相当吸引人。

教育体现：

　　3—6岁的孩子的观察力迅速发展，让孩子们通过观察学会观察，领悟作品内涵。

　　孩子的情感易于激发，易于显露。因此利用作品内容，在老师适当地讲解下，孩子们就懂得了画面的含义，理解了我们的大城市是如何建造起来的，知道如果没有建筑工人，房子就没法造出来，从而体会到建筑工人的辛劳。

　　通过欣赏作品，孩子们可以自己动手建造心目中属于自己的房子，同时锻炼了他们的想象力和动手能力。

美丽的城堡

主题内容:

 幼儿园的介绍栏是为了让幼儿知道这个活动室的内容。这幅作品关于建构室,建构室的目的就是让幼儿发挥自己的想象力以及利用各种材料来搭建自己理想中的房子的样子。

过程说明:

 这幅作品中,运用了多种材料,比如彩色卡纸、钙塑板、瓦楞纸、珠光卡纸等。整幅作品色彩鲜艳又不突兀,符合幼儿的审美特点。为了凸显不同,这幅画一共做了4座各具特色的房子,底板选用了浅蓝色,然后将"建筑活动室"五个大字用大红色的艺术字打印出来,用黑边包边,再用金银纸进行第二次包边,让它更加突出,让幼儿一看就知道这是建构室。

教育价值:

 这幅作品是建构室的介绍栏,用来说明这个活动室的功能。一般提到活动室我们想到的都是平时经常看到的那种房子,为了凸显不同,又联想到幼儿对海洋非常感兴趣,于是就想到做一幅与海中城堡相关的作品来满足幼儿的想象。这幅作品也采用了很多新材料,让画面更丰富,不再单调,也满足了幼儿的审美特点。

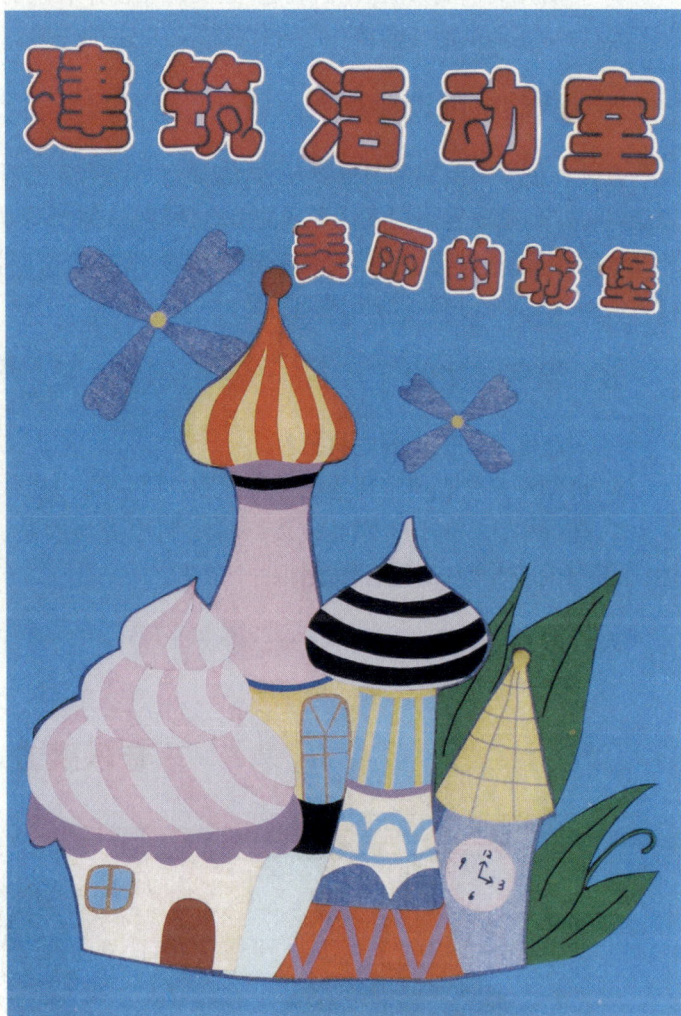

第五节 音乐表演室创设

一、活动室的功能概述

 音乐表演室是通过运用艺术元素及营造艺术氛围,让幼儿欣赏音乐作品、儿童文学作品,并能够大胆表现表达的活动室。在其中,幼儿可以和同伴合作或单独表演作品,可以进行自主的装扮行为,可以与同伴合作分工,也可以只是欣赏和感受。

二、活动室基本材料

 1. 乐器
 大鼓、小鼓、三角铁、铃鼓、碰铃、口琴、摇铃、木鱼、响板等。
 2. 表演道具
 斗篷、头饰、面具、丝带、翅膀、木偶、玩偶等。

三、活动室创设目标

1. 为幼儿提供能大胆表现、表达，激发幼儿创作表演的艺术环境。
2. 为幼儿提供能与同伴一起合作的宽松自主的环境。

四、活动室创设要点

　　教师在创设表演室的时候要注意，表演室是结合了音乐欣赏、律动、舞蹈、乐器演奏、歌唱表演、情境表演、讲故事、唱歌等不同表达形式的综合活动室，需要为幼儿打开多方面参与的环境，让幼儿充分感知和理解美，并能通过转化为自己的方式表达表现出来，所以教师要为幼儿提供丰富的材料，可以是用废旧材料塑料袋、报纸等制作演出服和道具。

五、思考与实践

1. 表演室可以提供哪些材料？
2. 请创设一张表演室环境设计平面图，并以小组的形式创设表演活动室。
3. 选择生活中的日常用品或废旧材料制作表演服装。要求：服装要体现情境性；具有一定的创意性；服装具有安全性；小组合作表演一个故事。

六、教学图例

音乐魔方

主题内容：

　　音乐活动室是开放给幼儿学习音乐、感受音乐的地方。通过音乐活动，可以提高幼儿的记忆力、想象力和创造力，提高幼儿的听觉辨别能力和敏感性。在幼儿时期，将音乐活动融入他们的学习和生活中，有助于稳定幼儿情绪,开发幼儿智力,使其健康快乐地成长。音乐活动是幼儿园教育活动之一,它是以幼儿为主体,以适合幼儿的音乐为客体,通过教师设计和组织多种形式,使主客体相互作用,培养和发展幼儿的音乐能力,促进幼儿身心全面发展的教育形式。因此,音乐活动室是一个对幼儿发展来说十分重要的活动场地。

过程说明:

　　材料:对开卡纸、铅笔、橡皮、颜料。

　　构图:以一个拉大提琴的小男孩为主线,引申出许多其他的音乐元素和乐器等。

　　色调:以暖色调为主,体现音乐活动室是个轻松愉快的地方。

教育价值:

　　音乐活动室要突出音乐主题,画面中有孩子、动物,还有植物,充满生活情趣。音乐活动室最主要的活动对象是幼儿,拉大提琴的小男孩作为主人公,更能引起孩子们对音乐的兴趣,还有孩子们熟悉的小动物们,完整了画面又增加了趣味性。

节奏大师

主题内容:

　　因为是音乐室,让人首先想到的是跃动的音符,因为要呈现在幼儿面前,所以整幅画以可爱的动物、小小指挥家和五彩的音符组成。画面中的大树可以带领我们进入整个画面,树与天空中的彩虹相连接,加上树旁的小小演奏家,彩虹俨然变成了五线谱。于是,画面中有许许多多不同的音符在跃动。

过程说明:

　　整幅画都运用了夸张的手法来表现。从树连接彩虹,彩虹在演奏中变成了七彩五线谱,随之紧接着出现了不同颜色的跃动音符,小河马在彩虹桥上演奏,显得可爱、俏皮。小动物和人类的组合充满童趣,以简单鲜明的特征来呈现音乐活动室的可爱之处。夸张的卡通画面总会给人一种活泼开朗的感觉,想让人进入画中,与之一起沉浸在音乐的海洋中。整幅画充满童趣,加上清新、明快的视觉形象更加会引起幼儿对音乐的兴趣。

让幼儿在看到这幅画后可以了解活动室的内容,并掌握音乐中的一些知识。培养幼儿的创造能力和想象能力,同时让幼儿通过这幅画来感受音乐之美,一起遨游在音乐的海洋中。整幅画主要运用了不同色系的马克笔绘制而成,亮丽的颜色使整幅画面生机勃勃,给人眼前一亮的感觉。

豆豆乐世界

主题内容:

这幅作品围绕音乐室展开,画面呈现了四个活泼可爱的人物,他们生动形象的造型可以充分吸引幼儿的目光,唤起幼儿的注意,从而提高幼儿参与活动的兴趣。

过程说明:

1. 构思以"音乐活动室"为主题的环境布置。

2. 在白色的卡纸上分别绘制多个音符和人物,让人物站在音符上。

3. 定稿后用马克笔和彩色铅笔涂色。

4. 绘制多个音符和人物后,绘制五线谱背景,让几个音符飘在五线谱上。

教育价值:

本次的环境设计的主题是"音乐活动室",主要让幼儿了解五线谱和让幼儿感受音乐的美。

第一,以夸张的手法,让人物站在音符上,让幼儿了解音乐在生活中无处不在。

第二,通过画面中人物高兴的表情,让幼儿去感受音乐带来的快乐和美。

第三,画面的主体是五线谱,让幼儿了解五线谱的构成。

音乐交响会

主题内容：

    作品描绘的是一群正在开音乐交响会的小伙伴们，呈现出了欢快愉悦的景象。许多可爱的动物，如大象、小兔子、狮子、小浣熊和老鼠等，在马戏团中和小男孩指挥家一起歌唱。画面中的主要人物是个拿着魔法棒的小男孩，他在童话的王国里自由地歌唱，这样的画面可以引发幼儿的兴趣和思索。画面上方从中心点拉出两条彩旗分别向两边延伸，有着节日的气氛，且着色鲜艳，可以引起幼儿的观察兴趣。每个动物的衣着打扮都富有他们自己的特点，引起幼儿兴趣的同时，也加深了他们对动物的印象。

过程说明：

    整幅画采用对开的白色卡纸进行创作。材料有彩色铅笔、马克笔等。画面由中间向四周向外发散，主要的人物着色都很鲜艳，生动形象地表现出画中人物享受音乐、热爱音乐的特点。在画面中空白的地方全部画上了各式各样、各种颜色的小花朵，大小不一的音符等，与主题相呼应。

    这幅画以暖色调为主，比较鲜艳活泼，可以激发幼儿的欣赏兴趣。

教育价值：

    这是一幅活动室的墙面布置。首先，这幅画的画面饱满，能很好地诠释出幼儿在音乐室中的活动状态。其次，当幼儿走进活动室时，能够被这幅画吸引，产生对音乐的喜爱之情。主要人物小男孩刻画得很细致，能抓住幼儿的眼球。画中的人物、动物大小不一，各式各样，打扮得新奇可爱。用这样的场景和人物来布置音乐活动室可以让幼儿融入到音乐活动的氛围中，感受到音乐带给他们的快乐和音乐美。

一起来玩吧，我们真快乐！

主题内容：

　　音乐室的作用在于以整洁、优美的功能室环境及科学、细致的功能室管理，为幼儿园的艺术教育提供良好的保障，使教师的音乐教学及音乐活动上升到更高的层次，更好、更全面地实施素质教育，推进幼儿艺术教育工作进行。

过程说明：

　　材料：对开卡纸、铅笔、马克笔等。

　　构图：主要人物是三个在弹奏乐器的小男孩和一匹打鼓的马。作品运用拟人的手法让马也来弹奏乐器，增加了一些趣味，让幼儿感受到人与动物的亲密无间，和谐相处。人物都在演奏乐器，紧扣主题，同时让幼儿了解各种乐器的使用方法，有利于对乐器产生兴趣，促进音乐课程的开展。

教育价值：

　　音乐活动室要突出主题音乐，所以画面中有孩子、乐器、音符等。音乐活动室最主要的活动对象是幼儿，以各种乐器为主线，能引起幼儿的兴趣，还有小马也加入其中，完整了画面的同时增加了趣味性。

Music

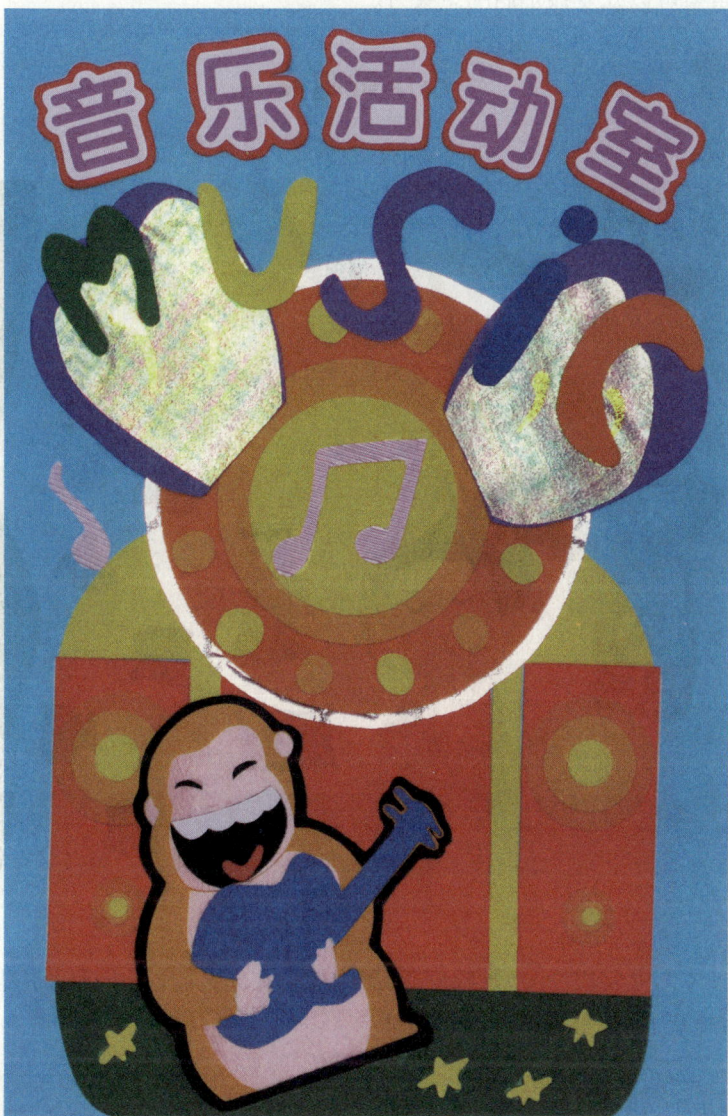

主题内容:

　　这幅作品的主题是"音乐活动室",副标题是"Music"。首先,画面中最大的是一个看似音响又像小房子的东西,我们把它称之为"音乐室"。"音乐室"的房顶是一个大大的圆盘,好像一张怀旧唱片。

过程说明:

　　"音乐室"主要是用钙塑板做成,圆盘是一层一层粘贴而成,圆盘的中间用瓦楞纸做了一个音符。"音乐室"的柱子是用钙塑板做成的,为了和房顶相互映衬,也加了四个小一点的圆盘。房子外面是一个在弹吉他的猴子,用猴子而不用人物是因为动物的形象一向是小朋友所喜欢的。猴子可爱、调皮,可以吸引小朋友的眼球。弹吉他猴子的制作主要用了钙塑板和瓦楞纸,猴子弹吉他的形象搞笑又很符合音乐的主题。房子下面是一片青草地,也用钙塑板制作。房子的上面是一双翅膀,代表着音乐室里自由、无拘无束的氛围。

　　大标题"音乐活动室"是用电脑打印的,并对这几个字进行了两次包边。"Music"五个英文字母则是用钙塑板剪成的。画面中的猴子和房子也都进行了包边,使主题更突出。

画面都采用比较艳丽又明亮的颜色，使画面更加活灵活现，富有生机，对比色的搭配都紧扣主题。画面形象生动，吸引小朋友的眼球，激发他们积极参与的兴趣，使他们能够更加了解音乐活动室的目的和作用。音乐是自由的，希望可以开发孩子们的想象力。

小小歌唱家

主题内容：

主题是"音乐活动室"，并且以"小小歌唱家"为副主题。在幼儿园，音乐活动室是非常重要的场所，在这里可以让幼儿自由地玩、唱，获得不一样的快乐！

过程说明：

画面中以小人物为主，星星点缀其间，音符和五线谱也是表现音乐的一部分。选用白色卡纸做底板，因为整幅作品颜色搭配得比较鲜明，白色能把这些颜色很好地呈现出来，让人眼前一亮，并且人物的颜色也可以更好地凸现出来。

材料主要选用彩色卡纸、钙塑板、布、瓦楞纸、花纹纸、发光纸、包装纸、乳胶、剪刀、双面胶等。

首先，在卡纸上画出一个正在戴着耳机享受音乐的小人，接着将轮廓剪下来，然后在轮廓的基础上加一些小细节的修饰，比如，小人的头发用深紫色的瓦楞纸，更能表现出一根根的发丝；同时将身体与下肢分开粘贴，有一种错落有致的视觉感，也更加生动形象，并且用发亮的大红色卡纸包边，再用黄色钙塑板垫底，更能突出人物的重要性，也增加了立体感。另外两个小人采用同样的方式，以不同颜色的包装纸、钙塑板包边，眼睛也采用剪贴的方式粘贴。四周装饰也采用了层层粘贴。最后，通过排版、剪贴、拼贴等手段，一幅成功的作品就完成了。

人物是这幅画的主要角色。因此选择大黄、大红、橘红色等亮色系来搭配，凸显色彩的跳跃感，各种亮色的组合在白色地板上显得更加跳跃、亮眼，给人以视觉上的冲击，展示出音乐给小朋友们带来的开心和快乐。字体的选择和颜色也是很搭配的，并采用不同颜色的钙塑板增加立体感，使整幅画面完整，具有视觉冲击力。

教育价值：

　　合理的颜色、造型搭配可以使幼儿乐于参与音乐室活动,更快融入活动中,感受音乐之美。从画面上看到有小娃娃的排名,体现了在环境中幼儿自主性评价能力的培养;对表演节目的评价是培养幼儿自主性评价能力的重要途径。可引导幼儿建立一些大家都能接受的评价要求,建议采用"计分"、"评星级"等方式,引导幼儿积累评价的经验,提升评价的能力。在这里要强调的是:教师要引导幼儿以正面评价为主,"找找说说同伴的表演好在哪里?""我向他学习什么?""他哪里有进步?""我们要给他掌声鼓励"等。

律动梦想

主题内容：

　　幼儿园的小朋友们拥有他们的集体音乐活动室,在这个音乐活动室里面有着不同的小区域。这里有三个小的活动区域,分别是"小鼓响咚咚"、"指尖旋律"和"快乐的音符",它们可以让幼儿在里面自由地享受音乐带来的快乐,学习用不同的乐器来发出愉悦的声响。这种多样化的方式可以让幼儿充分享受音乐的快乐,以此为设计思路对音乐活动室进行设计。

过程说明：

　　在作品中,有三个板块,左边上下两个小板块,右边一个大的板块,分别为黄色、紫色、淡紫色三个背景色。黄色的小底板上有一个小鼓,小鼓上有一个欢快的小人,两个小鼓槌,三个跳动的音符,该活动区的名字为"小鼓响咚咚";紫色的小底板上有一个小吉他,吉他旁边有个酷酷的小男孩张着大大的嘴巴,下面两个跳动的音符,该活动区的名字为"指尖旋律";淡紫色的大地板上有一个大大的喇叭,喇叭上有许许多多多跳动的音符,六个不同的小人也欢快地在喇叭上跳动着,该活动区的名字为"快乐的音符";大的主题"音乐活动室"在最右面一个橙色的钙塑板上。

　　整幅画面冷暖色调相结合,有黄色、绿色、深紫色、淡紫色、蓝色等,让幼儿可以感受到音乐世界里也是五彩缤纷的。三个乐器由小变大,由小鼓到吉他再到大喇叭,三个乐器的周围也会点缀着不同的小小的跳动的音符和小银片。材料上综合运用,有彩色卡纸、银光纸、钙塑板、瓦楞纸、包装纸等,再进行剪贴,并使用层层粘贴的形式使画面更具有立体感。

教育价值:

通过三个板块,三种乐器——小鼓、吉他、大喇叭,让幼儿感受音乐中的乐器有大有小、形状各式各样,3—6 岁的幼儿观察力迅速发展,让幼儿观察画面,认出这些是什么,学会把图片中的乐器用不同的方式让它们发出声响,领悟出作品的内涵,知道音乐世界的美妙。

幼儿的情感易于激发,易于显露,对喜怒哀乐容易产生共鸣,所以他们总是以强烈的情感去体会艺术作品。利用剪贴画的形式做出三种乐器,让幼儿感受音乐给他们带来的美好以及轻松的氛围,培养他们对音乐的热爱。

通过欣赏作品,让幼儿懂得作品中的内涵,认真学习音乐,初步学会使用简单的乐器并且爱上音乐,掌握一些音乐知识和技能。

音乐之声

主题内容:

以音乐为主,在蓝天、白云、苹果树下,有一架钢琴发出音乐之声,一只可爱的粉色小肥猪欢快地在草地上一边听着动人的音乐,一边跳舞。

过程说明:

钢琴用了紫色来做底,紫色代表优雅高贵,在钢琴边缘用红色卡纸包细边,再用银光纸再次包边,更加引人瞩目。钢琴的琴键使用白色瓦楞纸再在上面贴黑色小琴键,经过层层粘贴,形成了一台立体的钢琴,然后在上面用黄色和大红色做了有生命感的跳动音符,分布在钢琴的不同位置上,表示音乐的美妙。为了凸显音乐活动室的主题,用钢琴之声呼应音乐活动室的音乐之声,用不同材质的纸来制作这架钢琴是为了凸显音乐的中心思想。在这幅画的草地上布满了打印出的蓝色蝴蝶作为装饰,点缀其间,显得这幅画优美又有意境。小猪在画面里是一个倾听者,用亮粉色卡纸做它的身体,黄色加以点缀,然后一只活泼可爱的小猪就出现了,它偏着小脑袋听着音乐,在草地上欢快地蹦跳着。

教育价值:

这幅画主要以蓝色为主,紫色的钢琴代表了优雅高贵的气质,钢琴的琴键是立体式的,钢琴放在青草地上,显得很协调,小朋友也会很喜欢用这样的场景来布置音乐活动室,并且陶醉其中。维克多·雨果说过："音乐表达的是无法用语言描述，却又不可能对其保持沉默的东西。"图片中的钢琴放在草地上暗示音乐由自然而生，需要幼儿用心去感受美、理解美，体现了审美教育的核心。

小小歌唱家

主题内容：

　　一提到音乐活动室就让人想到钢琴、音符、歌唱、表演等，这幅"小小歌唱家"就围绕着这几个关键词展开设计。

过程说明：

　　本幅作品是以"小小歌唱家"为主题的音乐活动室布置。作品运用了彩色卡纸、钙塑纸、金银纸、马克笔等多种工具进行创作。主要由唱歌的小青蛙、蓝精灵、音符和彩虹组成。整幅作品充满了音乐的元素，充分体现"小小歌唱家"的主题。借用音符、小蝌蚪，把音乐这个主题用最直接、最生动形象的方式展现在了作品中。我们常说组织幼儿进行音乐活动时，要注意音乐活动的游戏性、趣味性、丰富性和可操作性，那么在布置音乐活动室时，这些要点也是很值得注意的。因此，在制作这幅作品时，整体的色彩运用得非常鲜艳，用蓝、黄、绿、橙等将作品主题和主要人物突出，使这幅作品的主题与主要人物一目了然。

　　本作品的一大特色就是结合了绘画与剪贴。远看是丰富的色彩，近看又会发现很有层次感。音符有三个层次：第一层是卡纸，第二层是钙塑纸，最后一层是金银纸，层层粘贴不仅丰富了作品，更加重了层次感。

教育价值：

　　本作品的教育价值体现在丰富多彩的音乐活动能鼓励幼儿更积极地参与活动，激发他们对音乐、对歌唱的兴趣。通过作品中的各种音乐元素，使幼儿在潜移默化中对音乐符号有初步了解。另外，作品中随意但又不失协调的配色能调动幼儿对音乐的热情，使人看到了就感觉心情愉快轻松，想跟着音乐一起摆动、歌唱。俗话说环境造就人，因此有一个很好的活动和学习的环境是非常有利于幼儿的发展的，特别对于音乐这样一个艺术领域来说，一个愉快的氛围和环境对幼儿来说是极其重要的。

唱歌真愉快

主题内容：

　　这幅作品以一个小女孩为线索，她正在欢快地敲击乐器。乐器五颜六色，每个键盘的颜色都不同，而且键盘上还贴有幼儿音乐活动的照片，这些细节都可以吸引幼儿的目光，让他们对音乐活动更有兴趣。

过程说明：

　　以深绿色对开卡纸为背景进行创设，首先是符合音乐室情境的小木琴样式的琴键8个，分别与音乐中"dol re mi fa sol la si dol"相对应，同时运用红橙黄绿青蓝紫的彩色卡纸做琴键，能引起幼儿的兴趣，然后是在各个琴键上贴上幼儿平时在音乐活动中的照片，幼儿能更直观地了解音乐活动并更有意愿在集体面前表演。接着是人物的制作，主要以简单活泼可爱的幼儿为主体，手拿着琴棒像是要敲琴。在琴棒的制作上采用的是两个图形卡纸的黏贴，更有立体感。主题"音乐室"采用特大字体让幼儿能一目了然地发现和明白这是音乐室。最后是整体画面的布置，适当增添音符以及层层叠加的花朵图案使画面更饱满。

教育价值：

　　通过木琴的制作让幼儿更直接地感受到音乐的各种形式及特点，通过音符的制作让幼儿对音符有初步认识和理解。同时运用平时幼儿在幼儿园活动中的照片来提高幼儿参加音乐活动的积极性。还有字体的突出、醒目，能方便让幼儿直接地找到音乐区的所在。

一起来唱歌

主题内容：

  画面中以一群小动物坐在小火车上歌唱为背景。它们欢快的歌声感染了周围的花花草草来一起歌唱。

过程说明：

  第一步，制作铁路。铁路用咖啡色的卡纸刻出，这是比较花功夫的一个部件。然后是旁边的大树和小草，大树用绿色卡纸做上半部，用咖啡色卡纸做树干。再用各种绿色卡纸剪出大小不一的树叶贴上去。最后用黑色卡纸对整棵大树进行包边，使大树显得厚重一点。

  第二步，通过制作好的铁路确定四节车厢的大小。用蓝、黄、红、绿四种颜色的卡纸剪裁出四节车厢，再用黑色的卡纸做轮子，然后垫上钙塑板，使车厢有立体感。做好车厢就开始制作上面的小动物。依次将大象、小兔和小熊做上去，最后一节车厢放的是一些礼物。礼物全部都用金色的纸张包边，使礼物的造型突出。

  第三步，将制作好的零件全部粘贴到白底板上，然后用压花机印出各种颜色的音符，粘在大树和小动物们附近。

  第四步，将印好的红色字体沿着边边剪下，用金色的纸张包边，并且粘贴在空白处。然后用绿色卡纸将整幅作品进行包边，这样一幅完整的作品就完成了。

教育价值：

  运用可爱的小动物坐在小火车上欢快的唱歌的造型来吸引幼儿的目光，符合幼儿好奇、对鲜艳色彩敏感、对卡通造型喜爱的认知特点，有利于引导他们融入活动中，能更有效地进行创作。一个个跳动的小音符像是融化在空气中的小分子，鼓励幼儿积极地表达表现，大声歌唱。幼儿园的艺术教育是一种"隐形语言"，它能通过色彩、造型、空间布局的营造等随时随地对幼儿进行艺术熏陶的感染，因此，幼儿园艺术环境的创设是否具有教育功能，是否富有儿童情趣，能否引起幼儿的参与意识，都将对其身心发展产生潜移默化的影响作用。

第六节　棋类室创设

一、活动室的功能概述

棋类室是充分调动幼儿动手、动脑、动口,提高幼儿智力发展水平的"益智天地",其内容涵盖了数的概念、生活常识等各知识领域。棋类室可提供各种棋类,如数学棋、五子棋、故事棋、趣味安全棋等。

二、活动室基本材料

各类自制棋类游戏及其规则提示等。

三、活动室创设目标

在创设棋类室时,教师以下面两点为目标:

1. 为幼儿提供趣味性强、益智娱乐的棋类游戏。

2. 为幼儿创设良好的游戏氛围,建立棋类活动室特有的规则环境。

四、活动室的创设要点

1. 趣味性强,能够激发幼儿游戏兴趣。棋面、棋子色彩鲜艳、形式多样,能够吸引幼儿、激发幼儿的游戏兴趣。

2. 规则性的体现。在棋类活动室里,规则意识很重要,除了棋类活动室的规则以外,各种棋类的规则也应有所提示,通过环境的创设,帮助幼儿形成良好的规则意识。在创设活动室时墙面及每种棋类边上有相应的规则提示。

3. 兼顾个别差异。每种棋类游戏的难度都有层次设计,各种能力的孩子都能找到适合自己层次的玩法,都有机会参与。

4. 投入少,价值大。全部棋子皆为废旧瓶盖,在引导幼儿搜集废旧物品、制作游戏器具的过程中,由班内幼儿搜集废旧物品,体现了废物利用的同时渗透了环保教育。

五、思考与实践

1. 棋类室可投放哪些棋类游戏?

2. 请创设一张棋类室环境设计平面图,并以小组的形式创设棋类活动室。

3. 制作一份棋类游戏。要求:有图加文的玩法介绍;玩法具有不同的维度;具有一定的创意性;具有艺术的美感。

大富翁

主题内容：

以"大富翁"游戏为背景，画面中的主要建筑物为中国一些城市的标志性建筑或景点，其中包括上海的东方明珠和石库门、北京的天安门广场、杭州西湖的三潭印月、香港的迪士尼乐园、桂林的山水和内蒙古的蒙古包。

过程说明：

确定主题及内容，用绿色、蓝色、白色、灰色卡纸和打印好的"大富翁"三个字。其中，用绿色卡纸做背景，蓝色卡纸做湖水，而灰色则可以做道路。先将宽度适中的灰色卡纸用黑色马克笔在上面加上实线和虚线来，做出马路的样子，然后按照事先的设想贴到底纸上，随后贴上剪好的湖泊。将那些标志性建筑用简笔画的方式画在白色卡纸上，用黑色马克笔勾线，再用各色马克笔填色，然后剪下贴在画面中适宜的位置，接着，用相同的方法制作"大富翁"游戏中的"小丹尼"、"孙小美"及一台电脑，并与"大富翁"三个字共同摆在画面偏正中。最后，再进行一些细微的调整，将建筑物勾边，达到突出的效果，使画面生动立体起来。

教育价值：

这个主题墙的教育价值在于让幼儿通过观察、感受、欣赏，了解祖国的大好河山，从小就培养幼儿的爱国情怀。主题墙上的可爱物件也会吸引幼儿注意力，让他们喜欢这面主题墙，这样既起到了装饰环境的作用，又起到了宣传的作用。幼儿实际上对祖国还没有清晰的概念，将这些建筑放在环境墙内，可以将祖国这个概念具象化，老师上课过程中也可以运用到这个主题墙。

主题内容：

棋类室是幼儿园提供给幼儿进行棋类游戏的场所，是比较受幼儿欢迎的。

过程说明：

整幅画运用了象征的手法，用国际象棋的棋子来代表棋类室。国际象棋中，分析对局时是一种逻辑思维的使用，而在"攻王"的战略问题运筹时，就需要有一种创造性的灵感。在这幅画中，选用了多种材料来表现画面，有水彩、水粉、马克笔和彩色铅笔。通过不同的表现方法来表现画面，这样可以促进幼儿对事物的感知。

教育价值：

幼儿能通过棋类室的墙面设计感知活动内容，而墙饰是运用线条、构图、色彩等手段，在一定空间里，通过对事物的塑造来表现一定主题的艺术形式，如通过不同的材质来表现画面。对于各种棋类的排列构成了画面的秩序感，暗示幼儿棋类室内游戏都有规则，贴近幼儿对事物的感知。

神棋世界

主题内容：

以小火车棋作最基本元素，小朋友们坐着小火车去玩五子棋和象棋。这次的故事内容是：小女孩从左上角的起点处出发，坐着一个个小火车来到象棋处，再坐着小火车通过五子棋的位置，最后到达小男孩所在的右下角终点处。

过程说明：

以白色对开卡纸为底，如果只是单纯的白色，画面将显得很单调，于是将一张淡淡的半透明的咖啡色包书纸成菱形摆在画面的中间，留出卡纸四周的四个角，这四个角是白颜色的，中间部分则是咖啡色，以此区分色块，形成一种对比，给人清新的感觉，不至于使画面显得很复杂凌乱。

运用红、黄、蓝这三种小朋友们喜欢的亮色卡纸做小火车的车身，车身是由简单的方块组成的，给人一种强烈的线条感，小火车的轮子用的是黑色卡纸做成的。

五子棋和象棋都是白色的底，黑色的框线，是缩小版的棋盘。黑色和白色，以此达到一种对比效果。此外，两个小朋友都是采用纸贴画的形式，他们都是棕色的头发，白皮肤，身着绿色的衣服。而且小朋友是面对面站的，他们隔着小火车彼此遥望，但坐着小火车棋就可以到达对方的位置。

教育价值：

通过火车棋，传递着丰富的规则意识和对棋类游戏的玩法暗示。教师可分别介绍画面中出现的三种棋类游戏——火车棋、象棋、五子棋，让幼儿熟悉这些棋类的游戏规则，便于之后活动的开展。

"棋"开得胜

主题内容：

这幅作品的主题围绕着"棋类室"展开，画面中绘有各种各样的卡片图案以及棋类。

过程说明：

画一个棋盘作为背景，在棋盘中画上各类可爱的小东西来丰富画面，同时在画的四周画一些国际象棋的棋子以及纸牌。

教育价值：

画面中的扑克上有许多图案，能够吸引幼儿的注意，教师可以通过这些卡通扑克教会幼儿一些简单的扑克游戏，还可以引导幼儿认识国际象棋，掌握基本的国际象棋游戏规则。

有趣的棋

主题内容：

以五子棋棋盘作为主要的内容进行创设，画面中还有四个可爱的小朋友参与其中，其乐融融。

过程说明：

首先，选择黑色对开卡纸做背景，在白色卡纸上画出两厘米的格子做出棋盘的样子。用压花机压出各种颜色的花形，用来作为五颜六色的棋子。在白色卡纸上画出几个小人并涂色，留黑边并剪下，剪下之后粘在黑色卡纸上。最后将打印的"棋类室"三个字涂上三种同色系颜色的渐变色，并留白边剪下。

教育价值：

让小朋友能够通过五子棋的棋盘看出这个区域是棋类游戏的区域。在区角活动中能够快速找到棋类室的区域，能够快速地进入到游戏中去。在装饰环境的同时，感知五子棋的摆放特点是将棋放在棋盘中交叉十字的地方，从而无声地给孩子以棋类游戏规则的暗示。儿童在观察墙面的同时，会谈论棋子摆放的形状，从而探索出五子棋新的玩法，在这个过程中，不断建构自身的认知结构。在活动的过程中不断地丰富游戏经验，不断地改变它的形式和内容，会让幼儿思维的深度和广度都有所提高，也会使教师发展活动的方向更加明晰，更会让幼儿和教师共同拥有成就感。

一起来下棋

主题内容：

棋类室是幼儿园中常见的益智类活动区角，在棋类室中幼儿可以选择自己喜欢的棋类，和小朋友们一起下棋。用幼儿喜欢的棋类，如跳棋、象棋和五子棋，这三种棋类来作为这幅作品的主体。

过程说明：

用卡纸制作三张桌子，在上面贴上用彩色打印的三种棋类的棋盘，形象逼真地展示了棋类室中种类丰富的棋类游戏。同时这三张桌子是错落有致地放置在对开的卡纸上，从空间上来讲，也突出了"室内"远近的关系。在桌子的周围布置了多张椅子，摆放在桌子旁，以此也能表现出棋类室热闹的情景。"棋类室"这三个字作为大标题，用空心字的样式打印出来，剪去边后在字的空心处涂上大红色，和黑色的底板形成鲜明的对比。光是这三个单独的字显得太单调,用卡纸剪出一个个小圆作为棋子,散落在这三个字的周围,呈边框状把这三个字围起来,让这三个单独的字有一个整体性。同时,圆形的棋子也和"棋类室"的主题相呼应。

教育价值:

这个作品体现了一种良好的教育理念,那就是尊重孩子的自主性,幼儿可以选择自己喜欢的棋类游戏来和小朋友们一起游戏,体验与同伴合作对弈的快乐。三种棋局的摆放也十分有暗示性:小椅子面对面,暗示这个游戏是几个人玩的;展示了棋子的摆放规则等等。让孩子在开发了智力的同时,具备竞争意识和合作意识。

第七节 科学探索室创设

一、活动室的功能概述

科学探索室是为培养幼儿对科学的初步兴趣、满足幼儿对生活中常见现象的探索欲,并获得一定的探索经验和生活认知的活动室。科学室需要为幼儿提供较为完善、准确、丰富的科学实验材料,它们是能通过反复多次的实验得到相应的实验结果的科学材料。材料的投放应体现不同难易程度、不同层次、丰富多样的原则,并且应具有较强的操作性与反复实践性。

二、活动室基本材料

1. 基本科学实验工具

放大镜、天平秤、胶带、剪刀、铅笔、记录纸等。

2. 可探索的材料

各色玻璃纸、各种形状和材料制作的瓶子、吸铁石、乒乓球、垫板、气球、棉花、纸巾、各种豆子、各种大小和粗细的管子、万花筒、布、打气筒、手电筒、电池等。

三、活动室创设目标

在创设科学探索室时,教师以下面两点为目标:

1. 为幼儿提供能激发科学探索兴趣、满足幼儿探索欲望的环境。
2. 提供丰富多样、不同层次、具有挑战性的,并能激发幼儿探索兴趣的材料。

四、活动室的创设要点

教师应该注意:科学室的活动,有的是幼儿能自己独立完成的,有的则是需要团结协作的,不同的区域之间要有明确的隔断,因为个体的科学实验活动需要相对安静的环境,而合作探索的区域需要相对开放的、安全的环境,在创设时要安排适宜。科学探索室内的材料一定要体现年龄的差异性,小班幼儿与中大班幼儿的兴趣点、能力有很大的差别,探索材料也应体现这一差异性。其次,投放的材料最好来自于生活,避免出现毫无持续操作性的材料,难度要适中,并要有相应的记录。投放材料后要注意观察幼儿的使用情况,及时更换已经使用过的科学材料或已无人问津的科学材料。

五、思考与实践

1. 科学探索室的创设要点有哪些?
2. 请创设一张科学探索室环境设计平面图,并以小组的形式创设科学探索室。

3. 用生活中的物品,根据科学原理制作适合小、中、大班三个年龄段的科学小游戏。要求:科学小游戏能经过反复实验;具有一定的严谨性;符合各年龄段特点。

六、教学图例

外面的世界

主题内容:

科学探索室,根据名字可以看出是有关于科学常识的,因此,整幅画的内容都是与科学有关的。无垠的宇宙中充满了无数的未知与秘密,于是此次的主题是"外面的世界"。整幅画的轮廓使用了八边形,底色用的是接近夜空的深蓝色。在最下面是一个思考的小男孩,在小男孩的边上有一本书和一架望远镜,所表达的意思,一是可以通过看书了解知识,二是可以通过观察来了解外面的世界。在小男孩的上方都是一些宇宙中会出现的事物,有各大行星、星星、月亮、太阳、飞碟、宇宙飞船、火箭、人造卫星,还有卫星接收器。将这些东西分散地摆放在画面中,可以帮助幼儿进行认知。

过程说明:

作品中运用了剪贴、绘画等综合手法来表现作品。比如,小男孩和书本采用的是绘画,将形象直接画在卡纸上,画好之后再剪下来贴在画面上。宇宙中的那些大大小小的事物则是采用剪贴的方式,先把小的部件剪好拼贴在一起之后再粘到画面上,同时使用马克笔勾边。这样可以让画面丰富有层次,又不失趣味。其中,每样东西的名称都是打印下来的,把准确的信息告诉小朋友们。将各种手法综合运用,使作品表现得更加丰富,而非只是单调的某种形式。

教育价值:

通过这幅画,小朋友们可以对宇宙有一定的了解,知道简单的科学。

通过画面中的火箭、人造卫星等,激发小朋友们对宇宙、对科学的好奇心和深入探索的兴趣。让他们能够积极主动地去探索和认识大自然的奥秘和人类各种了不起的发明。还可以让小朋友们对美术和手工制作有一定的了解,知道一些美术和手工制作的手法,对色彩有一定的鉴赏能力。

宇宙

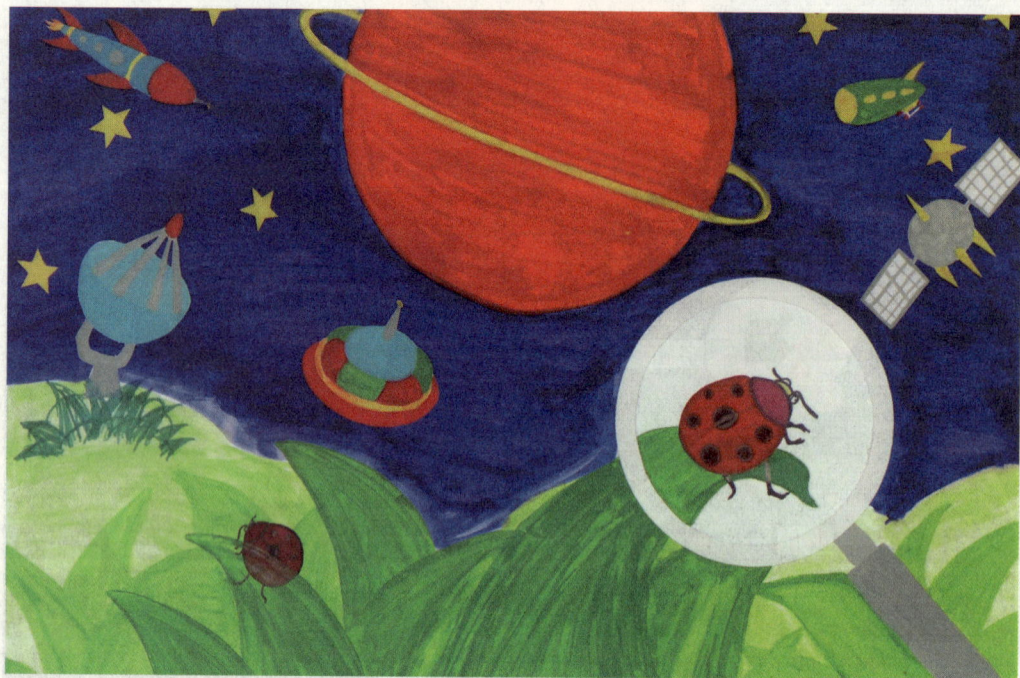

主题内容：

这幅作品分解为科学和常识两大模块。

过程说明：

一部分是宇宙太空，藏青的底色象征宇宙的神秘。在宇宙中有着星球、人造卫星、卫星探测仪、卫星接收器和火箭等用来探索未知世界的工具。另一部分则是草丛，在草丛中有着三三两两的小昆虫，一把放大镜将其中一只七星瓢虫放大，将七星瓢虫是益虫作为一个常识呈现出来。

教育价值：

让幼儿在图画中感受未知世界的神秘，激发其探索的兴趣，以及在对周围环境的细致观察过程中，培养幼儿乐于观察的好习惯。

小小探索家

个人简介
中文名：托马斯·阿尔瓦·爱迪生
英文名：Thomas Alva Edison
国籍：美国
个人成就：电灯　电话留声机

Thomas Edison
How One Powerful Idea Changed America

主题内容：

在无垠的宇宙中有着许许多多的秘密需要我们去探索。以大大的电灯泡作为底板，代表探索以及发明的空间，象征着智慧。灯泡底部画了实验桌，又以剪贴画的形式制作了烧杯、试剂瓶以及书本，让幼儿感受到做实验的乐趣。将爱迪生和他的个人简介彩色打印出来，并剪下贴在后面，与灯泡底板相呼应。与此同时，也可以让幼儿了解到日常生活中的灯泡是爱迪生发明的，带有科普性。灯泡的上半部分，以剪贴画的形式，将火箭、人造卫星、望远镜、放大镜、星球、天平、陨石等，以不同的手法将它们制作好并粘贴在上面，有大有小、参差错落。这些发明和宇宙中的元素，颜色各异、造型丰富，在深蓝色的背景中相互呼应，充分体现出了人类的智慧，以及人类与大自然的联系。

过程说明：

整幅作品运用了剪贴、绘画等手法，例如，书桌是单纯地运用绘画的手法，用马克笔将桌子的形状以及纹理画出来，而作品中的烧杯、试剂瓶、火箭、天平、放大镜、望远镜、奖杯、陨石、宇宙飞船、行星、星星以及灯泡等，是用马克笔将其涂色、勾边再剪下来粘贴上去的，另外一部分是用各种颜色的卡纸剪下拼贴而成，再用黑色马克笔进行勾边，而爱迪生和他的个人简介都是直接打印下来，再将其剪下粘贴在上面，更有准确性和科普性。将各种手法综合运用，使作品表现得更加丰富，而不只是某种单调的形式。

教育体现：

　　认知上，让幼儿能够了解一些简单的科学常识，了解宇宙及生活中一些奇特的现象和人类了不起的发明。同时，激发幼儿对探索的兴趣，能够积极主动地去探索和认识大自然的奥秘和人类的发明。幼儿通过作品还可以学习到各种美术的技法，以及对色彩的鉴赏能力，让他们对色彩有更透彻的认识，并运用到日常生活的美术创设中。

我们的宇宙

主题内容：

　　科学室环境布置的材料投放要有的放矢，与要达成的教育目标紧密相关，也就是说，是将教育目标隐含在材料中。在选择材料时，要考虑到幼儿的年龄段特征，以班级幼儿的阶段培养目标为主要依据，有针对性地投放对幼儿认知有促进作用的材料。如在了解科学的活动过程中，在主题墙上剪贴各种关于科学的图片，让幼儿自己观察，认识航天员、宇宙飞船、人造卫星等。

过程说明：

　　这幅作品以蓝色卡纸为底，配上星星点缀，营造出星空的感觉。再加上两个可爱的人物坐在宇宙飞船中自由地翱翔，使得画面显得富有动感。周围还装饰各种星球、飞船等，更能凸显"科常室"这个主题。

教育价值：

　　首先，精心创设的幼儿园室内环境可以启发幼儿的智力。儿童智力的发展依赖与环境不断地互动，儿童自主地建构起各种知识经验，从而获得对外在事物的认识。良好的幼儿园室内环境包含着各种充满教育元素的图片、文字和实物，能够潜移默化地使儿童通过操作和探究获得智力的发展。同时幼儿还可以通过参与环境布置，激发其学习兴趣，增强求知欲望，最终获得认知学习的内在动机。科学室的布置正是运用了上述教育原理，利用宇宙飞船、航天员、人造卫星、东方明珠等图片帮助幼儿认识了解科学的常识，培养幼儿爱国情操，增加作为中国人的自豪感。其次，精心创设的幼儿园室内环境可以提高幼儿感受美、欣赏美的能力。幼儿园室内环境中物品的装饰和呈现方式，以及老师有意布置的教学作品展示，不仅可以让幼儿直接地感受美、体验美、欣赏美，形成正确的审美能力，而且精心创设的幼儿园科学室内环境可以促进儿童社会性的发展。幼儿园室内环境组织得当，就能以此为平台激发幼儿之间的交流、谈话、互助,有效地支持幼儿的社会交往。

交通工具

主题内容:

    在幼儿园里都有科学常识活动室,在这个活动室里一般呈现有科学性和趣味性的主题。所以在这个作品中制作了与科学活动相关的船、飞机、热气球等。这些内容既是幼儿感兴趣的又是充满科学性的,所以非常符合科学常识活动室这个主题。让孩子动起来,让科学更好玩,让孩子热爱科学,在活动中感悟科学、提高知识素养,是幼儿科学常识活动室建设的目标。幼儿园科学常识活动室的建立可以满足幼儿对新生事物的好奇心,对科学知识的渴求和兴趣,促进幼儿素质教育的开展及活动能力的提高,让每一位幼儿都能亲身体验科技活动,进行相关的实践,进一步加深对事物的理解、感悟科学的奥妙、培养学习兴趣、增强动手能力。

过程说明:

    这一主题侧重于对材料的加工、再现,而科学探索、发现也是以材料为中介物。材料主要用橡塑纸,边框用了紫色的瓦楞纸,闪闪发光非常引人注意。材料既是引发幼儿主动探究的刺激物,又是他们表现、表达周围物质世界的中介和桥梁。所以,材料是科学和艺术整合的支撑。

教育价值:

    在科学与艺术整合教育中,选择的材料要揭示主体物质的科学性和艺术性。可以说,任何材料本身都具有科学性和艺术性,因为它们都有颜色、大小、重量、质地等基本特性。我们要在其中选择符合幼儿年龄特点和兴趣点,具有高教育价值,能挖掘整合点的材料。画面中的轮船、飞机、热气球、汽车、火箭等交通工具,能够引起幼儿的探索兴趣,轮船为什么能浮在水上?飞机靠什么飞起来?汽车的轮子为什么是圆的?这些都可以成为科学常识室活动的主题,教师可以由此引出更多的探索主题。

月亮叔叔，你好

主题内容：

　　浩瀚的宇宙中星光璀璨，深蓝色的地球上发射了一枚火箭，宇航员准备登上月球。两架宇宙飞船在漫游，带着地球的希望去探索更多宇宙的奥秘。"月亮叔叔"戴着可爱的帽子在星空中沉睡，等待着人类的问候。在地球上坐着一个男孩和一个女孩，他们用望远镜分别遥望月球与宇宙飞船，表现出人类探索宇宙奥秘的渴望。地球、飞船和月亮周围散布着点点星光，使画面显得更加充实，更有整体感。

过程说明：

　　这幅作品主要运用了各色卡纸，以剪贴、绘画两种形式完成作品。用白色卡纸制作火箭发出的烟雾，连接火箭与地球，显得更为形象。月亮周围用黄色和白色的粉笔涂上了淡淡的月光，其中宇宙飞船和其他星球周围也用了粉笔涂了光晕，显得更加唯美。

教育价值：

　　研究发现，科学知识对幼儿学习能力的发展具有积极的促进作用，可以让幼儿从小就了解科学知识，知道科学对于我们的重要性，培养他们对科学的兴趣。

科学小知识

主题内容:

    以科学活动为主题,画面中呈现了三个场景:在打雷的时候,正在看电视的小女孩关闭了电视机;小朋友们在下雨天打伞遮雨;雨过天晴的时候,会出现彩虹,有一个小女孩看着蓝天里的飞机开心地笑着,底下还有些花花草草作为装饰。

过程说明:

    本幅作品运用了剪贴和绘画的结合,工具和材料有乳胶、剪刀、卡纸、彩色画笔等,先构思画中的内容及它们在画中的比例,接着在彩纸上用铅笔把要画的内容先画出来,然后用剪刀把它们剪好,要求剪得光滑、细致。随后把这些剪好的卡纸放置于一张4开卡纸上,最后用乳胶进行粘贴。

    这幅图有三个场景,第一个是打雷的场景,用深蓝的卡纸做背景,小女孩看见外面打雷,于是就把电视机给关了,这是在教育其他小朋友当打雷时我们不应该看电视,应该把电视机关闭。中间的第二个场景是雨中打伞,天正下着雨,小朋友们都在打伞,这是一种科学常识。最后一个场景是雨过天晴,太阳公公出来了,天上出现了彩虹,这也是一种科学现象。整幅作品颜色的选取与主题十分符合,画面层次清晰,整体分布均匀。

教育价值:

    这三个场景都是科学活动,从认知上告诉小朋友们打雷了我们要关闭所有电源,比如电视机;下雨了,我们要打着小伞以免淋雨感冒;雨过天晴之后太阳公公会出现,同时还会有彩虹,这些都是科学知识而且与幼儿的生活息息相关。

第四章　幼儿园公共区域环境创设

第一节　幼儿园公共区域环境创设概述

幼儿园公共区域是指全园共同享用的，可对来访人员开放的，对全园起作用的环境。公共区域可利用各班之间公用的走道、活动室外的空地等空间，设置公用的活动区域，使空间资源共享，让更多的孩子受益，为幼儿发展提供良好的平台。

第二节　家园联系栏、活动花絮栏

一、家园联系栏

(一) 功能概述

家园联系栏是家长与幼儿园信息沟通的最直接的桥梁。一般每个班级教室门口都有一个家园联系栏，对某一阶段的保教计划进行宣传和向家长告知园内开展的活动，另外，针对班本化特色的保教信息与方法也可在家园联系栏中呈现。

(二) 创设要点

一般在家园联系栏中会呈现几个元素，比如本周的周计划、本阶段的主题活动介绍说明、针对班级幼儿的特点进行的保育与教育的讲座内容、需要及时告知家长的通知、家长反馈的建议或意见，也可创设一个板块由家长畅所欲言。

在创设家园联系栏时，要注意把握好板块的空间格局，在构图方面要讲究美感，比如横向与纵向结合呈现不同的板块方式、可将板块设计成左右倾斜给人以俏皮的感觉等。在形式上，可摆脱一成不变的平面感，采用立体凸出的形式与平面构图结合，可利用有厚度的瓦楞纸、能做出晃动效果的塑封纸条等。在每个板块旁都要有专题名称，文字的纸张颜色要与底板背景颜色的色调相统一或有和谐感，从而在无形中对幼儿的审美起到引导作用。

(三) 思考与实践

1. 家园联系栏的作用是什么？
2. 制作一份家园联系栏，形式自选。

（四）教学图例

家园联系栏 1

主题内容：

目的：用于幼儿园与家长沟通交流。

作用："一周快讯"——一周的活动安排介绍；"主题介绍"——开展的主题活动说明；"快乐健康"——与家长分享保育知识，内容结合本班化特点；"教育经验"——根据本周幼儿在教育方面需要提高的地方，与家长探讨分享。

对象：通常位于班级门口的墙面上，供家长浏览。

过程说明：

材料运用：彩色纸、彩笔、卡纸、剪刀、胶水。

构图：框内是一辆载着"一周快讯"、"主题介绍"、"快乐健康"、"教育经验"的卡通车，车后背景是由室内与室外两部分组成，框的两边则由几个小朋友、礼物盒、气球、蛋糕等装饰。

色调：以暖色调为主。

创意特色：

画面中一只小狐狸驾驶着一辆载着"一周快讯"、"主题介绍"、"快乐健康"、"教育经验"的心形卡通车，从幼儿园驶向家园，为家长与幼儿园的沟通交流搭建了平台，心形也表达了老师、家长对幼儿的喜爱，以及幼儿对幼儿园和家的爱。小车后的背景则是由室内与室外两部分组成，室内是幼儿园中的环境；室外则是小车从幼儿园出发，老师把幼儿园信息和幼儿情况放在小车上载到幼儿的家中，和家长共享教育信息，帮助幼儿更好地成长。心形小车的右边有几个小朋友笑得很开心，因为礼物盒中装着他们一周的收获——一周的活动（运动、游戏等）、一周开展的主题活动（学习方面）等。小朋友们躲在心形卡通小车的后面，露出他们的小脑袋与小手，好似拿着"家园联系栏"，带给自己的爸爸妈妈一样，甜甜的笑容显示着小朋友在幼儿园的欢乐生活。在园，与小伙伴欢乐嬉戏，共同努力学习，有老师的鼓励与谆谆教导；在家，有父母的陪伴呵护，爱心满满。

家园联系栏 2

主题内容：

　　用于幼儿园与家长沟通交流，通常是写给家长看的，上面有"一周快讯"——一周的活动安排介绍；"经验教育"——根据本周幼儿在园表现，将教育信息与家长分享；"健康快乐"——与家长分享保育知识，内容结合本班化特点；"主题介绍"——开展的主题活动说明。

过程说明：

　　材料有白色卡纸、不织布、马克笔、剪刀、胶水、KT 板等。在联系栏的最下面画着不同的小朋友，用不织布制作小朋友们的衣服，使画面充满童趣。在联系栏的中间是老师和家长的交流内容。画面构图整齐简单，使人感觉清新自然。背景色用绿色，在绿色的背景中有很多小符号，使画面丰富饱满。

创意特色：

　　家园联系栏是家长和老师沟通的桥梁，整个画面以对话框的形式出现，让画面没有刻板的感觉。在画面最底部画的小朋友，他们各有各的特点。小朋友们的衣服是创意的重点，衣服都是用不织布拼接而成的，不织布的颜色搭配也十分有讲究，他们穿的衣服也不同，有背带裤、有拼接衣、有条纹衫等，不同的衣服也体现了幼儿不同的性格。小朋友们的造型也十分的可爱，让人感觉十分的愉快。画面的背景用的是绿色。绿色是小草的颜色，小朋友们就像是绿绿的小草，让人感觉很清新。在绿色的背景上点缀了英文字母和阿拉伯数字，充满了趣味性，使画面有层次感。在画面的中间是联系栏的具体内容，用 A4 纸把老师和家长交流的内容写出来，主题明确。把打印好的小标题贴在上面，大家可以马上知道互动的内容，简单明了。把"家园联系栏"标题放在画面的最上面，用蓝色大字表现，使画面的色彩更加的丰富，又能突出主题。在标题的旁边画了白云和彩虹，来引出主题，使整个画面有整体性。

家园联系栏 3

主题内容:

    家园联系栏用于幼儿园与家长的沟通交流。家园联系栏有"一周快讯"——一周的活动安排介绍;"主题介绍"——开展的主题活动说明;"快乐健康"——与家长分享保育知识,内容结合本班化特点;"教育经验"——根据本周幼儿在园情况,将教育信息与家长分享。

过程说明:

    材料运用:彩色折纸、A4 纸、彩色卡纸、双面胶、海绵胶、剪刀、刀等。

    构图:以淡绿色半开卡纸为画面的底,将打印好的"家园联系栏"这五个字剪成圆形形状,分别贴在不同颜色的淡色系彩色折纸上(折纸摆成菱形的形状),横向展开贴在画的上端部分。底下的两个角各有一个小男孩,左下角小男孩的右上方是一个立体的纸质风车,也是本幅作品的创意特色。四个小主题的内容是用四张 A4 纸打印下来的,为了不使画面单调,将它们剪成不同形状,有的是沿着边框剪下来的矩形,有的是四个角为圆弧角,有的是剪成波浪形,有的剪去四个角,以此显得各不相同,富有趣味。四个小标题按它们的轮廓减下来并用海绵胶贴在长方形卡片上。绿色和黄色的小花疏密有致地贴在作品上。

    色调:画面背景是淡淡的绿色,装饰物主要采用绿黄色,它们是暖色调,给人一种暖暖的、很温馨的感觉。

创意特色:

    画面的主要创意是左边的纸质风车,只有一种颜色的风车会很单调,于是在制作风车的纸上贴上了红黄绿三种颜色的卡纸,这样风车的颜色就更加亮丽生动起来。大大小小的黄色和绿色花朵看似随意其实很有序地摆在画中,给人一种清新的感觉。

家园联系栏 4

主题内容：

    家园联系栏的内容丰富、形式多样，是反映保教工作的一扇窗户，更是进行教育交流的一块园地。将它分为若干小板块，各栏目板块图文并茂，涵盖了多方面的内容。"一周计划"让家长知道孩子在幼儿园一周学习生活的内容；"温馨提示"是对家长的建议和提示，让家长了解孩子在各阶段的身心发展情况，从而采取适宜的教养方式；"育儿沙龙"是幼儿园与家长分享育儿知识的板块；"保健知识"让家长对幼儿的保健有一个全面的认识。

过程说明：

    作品选用白色的底板，在作品上分为四个板块，使用彩色卡纸、瓦楞纸、钙塑板、亮纸、礼品纸、双面胶等多种材料，在每一个板块上用不同的人物造型进行装饰，富有童趣感，边框选用蓝色，简单大方。

创意特色：

    作品贴近实际生活，采用新颖别致的名称，让家长产生亲切感、温馨感。老师可以在纸上写上幼儿园和家长需要交流沟通的内容，让家长及时获知最新消息。纸上的小孩和风景都做得小巧精致，具有美的视觉享受。

家园联系栏 5

主题内容：

　　家园联系栏是幼儿园和家长交流沟通的桥梁和纽带，它的作用越来越受到广大教育工作者、家长的重视。通过"家园联系栏"，能够了解更多的近期班级工作开展的情况，以及幼儿在幼儿园的学习生活情况等。

　　这幅家园联系栏分为各个小板块，在板块中可以贴出相关信息。利用这些板块，让家长逐步参与到教育中来。通过家园联系栏，家长和教师能及时地沟通，互相交流意见，共享教育经验，实现良好的家园互动。

过程说明：

　　画面中呈现的是，一棵大树上有两只鸟，鸟嘴里含着树叶、花朵，树周围零零落落的树叶给画面增添了一丝灵动，在树叶和花朵中可以粘贴信息。画面中的物体采用层层粘贴的方式以及运用色彩鲜艳的卡纸凸显出作品的生动可爱，来吸引人们的眼球。画面的背景通过不规则的方块让白色背景显得更加充实紧凑。

　　家园联系栏别出心裁地隐藏在树叶、花朵中，使传达信息的过程多了趣味性，让画面显得生动可爱、不呆板，让观看者有轻松愉悦的心情。

家园联系栏6

主题内容：

　　家园联系栏是用于幼儿园与家长沟通交流、分享幼儿在园信息的途径之一，上面会有"一周快讯"——一周的活动安排介绍；"主题介绍"——开展的主题活动说明，方便家长了解孩子在幼儿园的情况，便于家长与老师之间的交流。

过程说明：

　　用红色卡纸作为底板，画本作为主体，用一家六口在画本上快乐地画画展示主题内容——"一周快讯"、"主题介绍"。先在白色卡纸上画出一家六口，用彩色铅笔上色，剪下备用；用白色的卡纸制作画本，钙塑板制作画本的铁丝圈，粘贴在画本的一侧；在白色卡纸上剪出云朵的形状，用蓝色马克笔在云朵内画上祥云纹；画面中的水柱用蓝色闪光粉珠粘贴而成；在艺术字"家园联系栏"后贴好一层绿纸，沿字的轮廓剪下，起到"勾边"的作用，用紫色铅笔涂满字的空心部分；最后，用彩色铅笔画出卡通人物所画的内容。

创意特色：

　　整幅作品都是以稚拙的笔风来创作，显得清新、轻松。用红色卡纸作为底板，可以使作品的颜色更温馨，不会有沉闷的感觉。用白云来点缀，使画面更丰富多彩。呈现在其中的家园联系栏的内容，显得更亲切、自然。

家园联系栏 7

主题内容:

　　画中的花竞相开放、五彩缤纷,给人以强烈的视觉体验,葱葱绿叶的衬托更显花的美丽。"家长月月谈"、"信息桥"、"本周计划"三个板块被花朵拥簇着。

过程说明:

　　整幅画采用了剪、贴、画、刻等技巧。首先,运用流畅的线条将花朵、绿叶的轮廓描绘出来,然后用蜡笔上色,注意均匀涂色,使之与现实生活中的花朵和绿叶颜色更接近。接着,用小刀将花朵和绿叶的轮廓刻下部分,注意不能全部刻到,不然就会使小花和绿叶脱落。在制作的过程中要细心和耐心,这样才能使整幅画面变得精致美观。

创意特色:

　　画面中花朵粘贴疏密有致,这样能使画面简洁但又有一定的层次感,而且根据幼儿的审美特点来选择花朵的颜色,艳丽的花朵更能吸引幼儿的注意。

　　在色彩方面,以蓝色为背景,上面覆盖一层橘黄,用了不同颜色的卡纸和瓦楞纸,如玫瑰红、黄、蓝、紫、绿等。为了使画面更贴近自然,用绿色的卡纸剪出叶子,用紫色做动物的底色以衬托里面的动物,银色的包边是为了更突出主题——家园联系。

主题内容：

　　这幅"家园联系栏"一共分为四大板块,包括"交流驿站"、"每周计划"、"明星宝贝"和"育儿宝典"。

　　"交流驿站"是幼儿园或班级传达重要通知的板块,比如春游、秋游、放假等各类通知,能让家长为活动做好充分准备。

　　"每周计划"是展示每周幼儿园活动主题的板块,给家长以直观的感受知道这周的活动计划和内容,方便家长及时和老师进行沟通。

　　"明星宝贝"是展示在一星期中表现优秀或是进步很大的幼儿的板块,通过它家长就可以知道自己孩子这一段时间的表现,也可以在幼儿之间树立良好的榜样。

　　"育儿宝典"是科普一些育儿知识的板块,帮家长支招,解决一些育儿难题,指导家长在家里也能营造出一个健康舒适的成长环境。

过程说明：

　　运用黑色 KT 板再贴上彩色卡纸做成的四座小房子,每一座小房子的墙壁是由同一个色调、纯度不同的卡纸制作而成,有一种砖头砌成的感觉,而屋顶采用对比色,比如,粉红色的墙壁配上了绿色的屋顶等。窗户也是用跟整座房子一致的色调。

　　每一座房子高低宽窄都不同,是根据内容的需要来制作的,粘贴的位置不对称,但很协调。每一个小主题都用彩色的钙塑板做了包边,还有立体的小猫和小兔作为点缀。

创意特色：

　　这幅作品的创意特色是四座小房子不是用单一的颜色,而是运用不同纯度、色相的卡纸等在黑色的KT 板上展现出来。

家园直通车

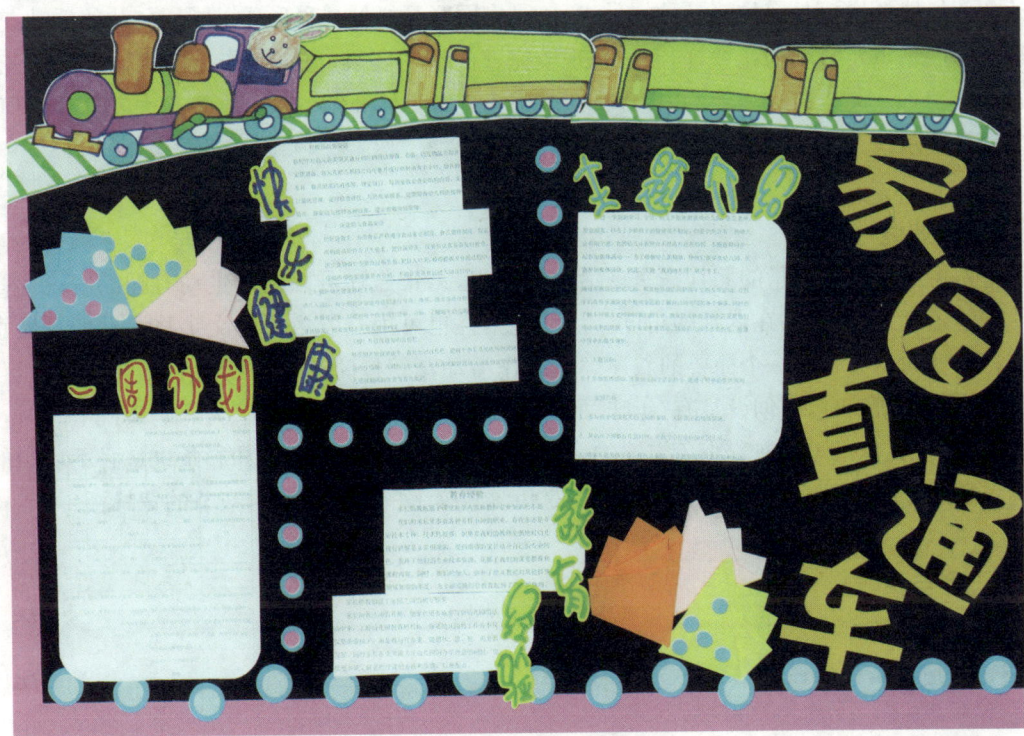

主题内容：

　　"家园直通车"用于幼儿园和家长的沟通交流，通常是写给家长看的。为了能让家长及时了解学校的资讯，通常有"快乐健康"、"一周计划"、"主题介绍"、"教育经验"这四个板块以此使家长更好地分享健康育儿妙招、了解幼儿园活动、幼儿在园情况以及主题安排，将育儿信息传递给家长。

过程说明：

　　材料运用：黑色的 KT 板、A4 纸、卡纸、马克笔、薄型彩纸、剪刀、胶水。

　　构图："一周计划"、"快乐健康"、"主题介绍"、"教育经验"这四个板块作为主体，将它们错落有致地安排在中间位置，以便家长能清楚地阅读相关内容。用马克笔绘出一辆卡通小火车，用剪贴的方式粘贴在顶端，火车的形象和主题"家园直通车"相呼应。在右侧是"家园直通车"这几个大字，不规则地粘贴使整幅画面富有童趣。玫红色和蓝色的波点将四个板块巧妙地分割开，更是和底部的大波点相呼应。最后，在空白处，粘上手工折叠的花朵，立体的花朵让整幅画有了朝气，也符合幼儿喜爱花朵的心理特点。

　　色调：白色的 A4 纸和黑色的 KT 板黑白分明，橘的主题文字在黑色 KT 板衬托下，极为亮丽突出。此外，用黄色来作为小火车的主色，局部用玫红色进行装饰，使小火车鲜艳但不杂乱，在黑色的衬托下，显得更加突出。整幅画面是暖色调，加以少量的蓝色，色调亮丽却不显杂乱，给人以积极向上、活泼的感觉，这也符合幼儿喜爱亮丽的颜色的特点。

创意特色：

　　本次的主题是"家园直通车"，为了更好地突出主题，在画报的顶端加入了卡通小火车，一来呼应主题，二来使画面富有童趣，贴近幼儿的生活。除了使用卡通画，就连字体都是卡通文字，不规则地粘贴增添了许多生机，既活泼又可爱。此外，将一份报告裁剪成三四份，再进行错落地排版，比起原先规规矩矩的排版多了几分灵动，也让画面看起来更为丰富。最后，在空白处加入了手工折叠的花朵。立体的花朵带来了朝气，也使画面更具立体感。花朵则是选择了已有颜色的同色系颜色，这样丰富了画面又不显杂乱。鲜艳的颜色能够吸引幼儿的目光，也给幼儿一种积极向上的感觉。

二、活动花絮栏

（一）功能概述

活动花絮栏应该说也是家校互动的一种工具，是家园联系栏的一种形式。园所公共的活动花絮栏主要功能是对外展示重要活动的花絮，向家长呈现较完整的活动实录，也可以作为向家长展示幼儿园内各活动室的介绍牌等。关于节目活动的内容，将在本书第五章具体介绍。这里主要与大家分享如何向家长或前来参观者展示幼儿园在活动室创建这一方面的工作情况。

（二）创设要点

活动花絮栏需要通过大量的照片来呈现活动的过程，每张照片可以配以生动有趣的解说，解说既可以站在幼儿的角度，也可以站在老师的角度。活动花絮栏也可用一段主要的文字将活动的开展意图、时间、地点、目的等向观看者做一个简要的叙述。在制作活动花絮栏时要注意背景装饰与活动内容应尽量相辅相成，如：当过新年时，可创设具有"年味"的背景；在三八妇女节和母亲节为妈妈庆祝节日时，可创设温馨的卡通背景，如兔妈妈拥抱着小兔宝宝的造型，能带来节日气氛的气球和彩条也是必不可少的装饰，另外还可多添加爱心表示温暖和爱的传达，这都是传统意义上的妇女节和母亲节的背景板。

（三）思考与实践

1. 活动花絮栏的作用是什么？
2. 制作一份活动花絮栏。

（四）教学图例

建构活动室介绍牌

主题内容：

建构活动室介绍牌包括建构室的介绍和建构室的使用规则。它让幼儿知道建构室里有许多积木和拼图,可以按照他们自己的想法或是老师要求的主题,搭出不同的建筑。幼儿在游戏时,也要注意建构室的使用规则,教师可以根据规则来指导幼儿正确进行游戏活动,让幼儿更有兴趣去参与建构室的活动,吸引他们对建构室产生兴趣。

过程说明：

工具和材料有黄色对开 KT 板、水彩颜料、卡纸、马克笔、胶水、剪刀等。本幅画的构图是以上海的著名建筑为背景,有中国馆、东方明珠、金茂大厦和环球金融中心。把这些建筑以拼图的形状剪开来,再粘贴成一幅完整的拼图。建构室的大标题在画面的最左边。背景是黄色的暖色调,以提亮整幅画面;建筑以灰色调为主,做到不喧宾夺主。画面以剪切和绘画的方式制作完成。

创意特色：

本幅画的创意是以拼图的形式来呈现的。利用不同的拼块来拼出上海的著名建筑:中国馆、东方明珠、金茂大厦和环球金融中心。拼图的方式可以很好地体现建构室的活动内容——用各种积木拼块和拼图拼出各种各样的建筑。同时,拼图的形式使画面更具有立体感,也更形象生动地让幼儿知道建构室的活动内容,可以吸引幼儿去注意建构室的使用规则,也促进了幼儿的想象力和创造力。

<h2 style="text-align:center">各活动室的招牌</h2>

主题内容：

幼儿园是一个能够让幼儿感受到家庭般温馨和舒适,并培养其良好的生活习惯和良好性格养成,使其德智体美劳全面发展、身心健康成长的地方。幼儿园里有各种各样的活动室,画面中的大树挂着各活动室的招牌,向幼儿和家长展示幼儿园内活动室的创设。

过程说明：

材料运用:棕色布料、绿色的钙塑板、彩色卡纸、打印图纸、彩色铅笔、双面胶、KT 板等。

制作过程:在棕色布料上剪下树干,用钙塑板制作树叶,在红色的卡纸上剪下一个个苹果,挂在绿绿的树上,用彩色铅笔画出一只长颈鹿,上色并剪下,然后按照编排的顺序进行粘贴。最后,剪下打印好的标题贴在蓝色的地板纸上,粘在 KT 板上,放在 KT 板的上方空余处。

底板挑选的是黄色 KT 板,树根所选的是棕色卡纸,叶子的颜色是绿色卡纸,它们能在黄色的 KT 板上凸现出来,而且,幼儿一般都喜欢暖色系的颜色。富有童趣的大树能吸引幼儿的兴趣,树上挂满的各活动室的招牌,如同树上的一个个小木屋。大树象征幼儿园,而一个个小木屋就是各个活动室,树底下的向日葵如同小朋友一样在阳光的照耀下茁壮成长。

音乐活动室的介绍牌

主题内容:

活动室的介绍牌是指在活动室门口一块专门用于介绍活动室规则和特色的牌子,上面会有"我们可以在这个活动室里做什么? 需要注意哪些?"等温馨提示,这块介绍牌是给幼儿们看的,所以一般文字的部分都配有图片,牌子上的装饰部分要符合该活动室的主题。如音乐室的介绍牌,画面由钢琴的琴键和音符为主体,突出音乐室这一主题,让幼儿通过画面对音乐感兴趣。

过程说明:

墙面是用 KT 板制成,上面用对开的卡纸进行装饰。工具和材料有彩色铅笔、马克笔、剪刀、胶水等。画面主要是上下的结构,在介绍牌的下方,是一排流动的钢琴琴键,琴键的色彩不是普通的黑和白,而是五颜六色的,画面更生动活泼。在画面的左上方是一个大大的音符,在音符的圆圈内,贴着音乐室的介绍说明,可以吸引幼儿的注意力。在画面的右上方是"音乐室介绍牌"几个大字,大字为红色且有阴影,使它具有立体感,同时也可以吸引幼儿的注意力。整个介绍牌的装饰是暖色调的,给人们温馨可爱的童趣之感。颜色搭配也是错落有致,跳跃但又不零散,给人一种协调的感觉。

创意特色:

音乐室介绍牌的布置需要夺人眼球并且突出活动室的特色。活动室介绍牌选用了温暖的暖色调和符合主题的内容,目的是为了抓住幼儿的目光。在设计和布置的时候,注意了色调的处理和排版。用可爱的儿童画来装饰宣传墙,渲染出童趣的特点,也映衬出幼儿园主题,可以吸引幼儿和家长的观赏兴趣,从而让他们更清楚地了解音乐室的规则和特点。整个介绍牌的装饰让人们感受到音乐的美和体会音乐给人们带来的快乐。

美工室介绍牌

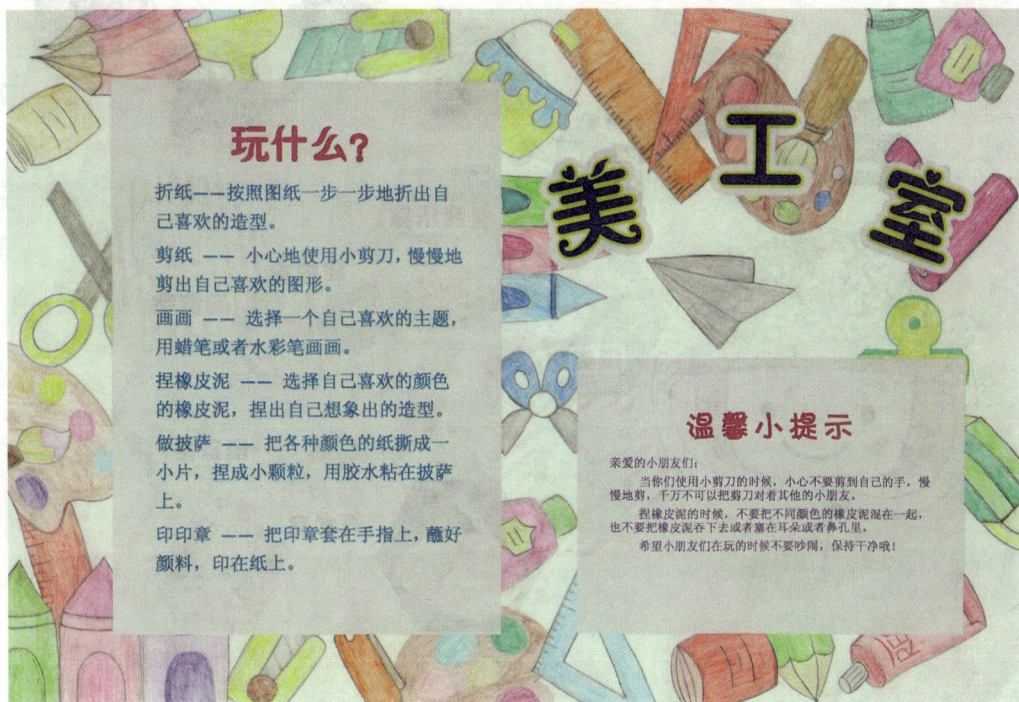

主题内容:

美工室介绍牌张贴在美工室的门口,可以起到提示和介绍的作用。当幼儿进入美工室去做手工的时候,第一眼便会看到这个介绍牌。在介绍牌上面写有一周的美工活动内容,便于幼儿在进入美工室之前,可以及时地了解到今天可以玩什么,并且可以事先选择自己喜欢的项目来进行活动。另外,在介绍牌上还制作了一块温馨小提示,上面提示了幼儿们在里面进行活动的时候需要注意哪些方面,比如使用工具时需要注意哪些等,避免发生一些不必要的意外事故,来保证每个幼儿在美工室的安全。背景则是用绘画的形式画出美工活动所需要的各种工具,铺满整个背景,可以提示幼儿在进行美工创作时可以用到哪些工具。

过程说明:

整幅作品是在对开白色卡纸上面用彩色铅笔画满做美工时所需要的工具,如剪刀、橡皮、纸、水彩笔等,既能提示幼儿在美工室进行美工活动时需要哪些工具,又能突出美工室的特色。卡纸的左半边用来介绍一周五天的美工活动内容,用浅色纸作底,暖色调能和背景区分开,显得简洁明了。卡纸的右半部分又分成两个区块,上半个区块写上"美工室"三个艺术字,是整幅作品色彩最为浓重的部分,以突出主题。而下半个区块的温馨小提示也是暖色调的,让幼儿感受到温暖。这三个板块均是运用到了剪贴的形式,使它们更加立体和突出。

创意特色:

作品中运用了许多种技法,如绘画、剪贴等,并将这些手法进行综合运用,突出想要表达的重点。将主要内容分成三个板块,使画面更加丰富,显得不那么单调,又别出心裁。运用暖色调,使画面更加和谐统一,也使幼儿能够感受到温馨的感觉,让幼儿喜欢美工。

各活动室介绍牌

主题内容：

　　这幅作品的作用在于帮助幼儿直观地了解各种活动室的功能，明白能在活动室做哪些事情，特别是刚刚进园的小班幼儿，看过介绍牌后能一目了然地指出各种活动室的活动安排。让孩子动起来，在活动中感悟、成长，是幼儿活动室建设的目标。幼儿园活动室的建立可以满足幼儿对新生事物的好奇感，对科学知识的渴求和兴趣，促进幼儿园素质教育活动的开展，让每一位幼儿都能亲身参与活动，进一步加深对事物的理解，感悟学习的奥妙，培养学习兴趣。活动室介绍牌也可以美化墙面，教育与装饰两不误。

过程说明：

　　这幅作品采用多彩鲜艳的各类纸张和材料，例如卡纸、瓦楞纸、钙塑板等。采用在大色块上添加小细节的方法，使画面显得富有张力。为了画面的整体感，选用一朵向日葵来作为连接主标题的连接线。为了画面的丰富，还放上了一位头戴向日葵帽子的小女孩。小女孩的笑容，也会让幼儿觉得亲切，在看介绍牌时心情更是轻松和欢快。

创意特色：

　　采用了多个正六边形的图形，使其拼接在一起，从而形成了"蜂巢"状的整体画面。由于怕"蜂巢"太多，颜色板块太多而显得画面凌乱，所以在六边形上添加了多种小细节来使画面显得较为统一和谐，不那么单调。为了画面的整体统一，尽量使用与"蜂巢"相关的事物，例如向日葵、蜜蜂。在主标题方面，由于字数较多，这里采用了一朵向日葵作为主要连线，在不同的高度粘贴，有高有低，以橙色和亮黄色为主，两种两暖色一个隔一个地排列。

音乐活动室介绍牌

主题内容：

　　这幅作品是由五线谱和两个演奏的小朋友构成的，还有两张活动室的注意事项和音乐价值的介绍，用两只唱歌的小鸟点缀，不失活泼可爱。音乐室是全园幼儿共用的活动室，通过这个活动室让幼儿更有兴趣学习音乐知识，了解多种不同乐器，进而体会音乐带来的乐趣。音乐活动室为幼儿提供了梦幻般的舞台，能够培育幼儿对音乐舞蹈的兴趣爱好，开发幼儿的智力以及陶冶幼儿的性情。

过程说明：

　　整幅作品运用了马克笔、卡纸、蜡笔、彩铅、胶水、剪刀、小刀等工具和材料。在构图方面力求新颖，用五线谱围绕着画面，两边两个小朋友演奏音乐，中间是音乐活动室管理制度和音乐价值的介绍。选色方面用了一些幼儿喜欢的亮色，来引起幼儿的注意力。整幅画面以淡黄色的卡纸为底，再把淡黄色卡纸粘贴在绿色对开 KT 板上的，留出的绿边更能凸显主题，色调更鲜明。

创意特色：

　　画面中有丰富的音乐元素：五线谱、两个演奏乐器的孩子、乐谱，让幼儿能够"看图识字"，知道介绍的是音乐室。画面中亮色的运用能够吸引幼儿注意，激发幼儿对音乐的兴趣。

音乐室介绍牌

主题内容：

    幼儿园音乐室介绍牌的功能在于让不了解该所幼儿园音乐室的人可以通过介绍牌中的信息得知该所幼儿园的音乐教学特色，面向对象是外来教师、学者、家长、幼儿等。这幅音乐室介绍牌中主要展示了音乐活动中运用到的一些器材，以及音乐室的规章制度。

过程说明：

    把黑色的卡纸覆盖在 KT 板上，在白色卡纸上画出一个在拉大提琴的大男孩，用黑色马克笔勾边，外圈再留白色的边，粘贴在黑色卡纸上更加突出。在大提琴旁飘出一条五线谱，在五线谱上加上"音乐室"三个大字，在大字下方粘贴音乐室管理制度和音乐室学生活动守则，在它们的周围剪贴上了很多的音乐器材。

创意特色：

    孩子是快乐的，对世界充满好奇，幼儿园音乐室可以培养幼儿对音乐的探索欲和想象力。在这幅介绍牌里，充分表现了幼儿园开发幼儿探索欲的意图，给幼儿展示了丰富的音乐器材，让其在音乐的海洋中快乐地成长，不束缚其想象和创造的自由。把充满童趣的介绍牌放在音乐室外面也能吸引幼儿的注意，符合幼儿的认知特点。

各活动室介绍牌

主题内容:

　　活动室介绍牌是方便家长和孩子清楚地了解这个活动室是用来干什么的。便于家长与老师之间交流的同时,以图画的形式来表现是为了便于幼儿理解。

过程说明:

　　选用灰色来作底板,大树来作整个框架,在大树上悬挂各个介绍牌来完成这个作品。然后运用各种彩色卡纸剪贴出大树的形状,在大树的枝干上垂下一张张五颜六色的活动室的介绍牌,介绍牌用彩色铅笔填充颜色,剪出各种不同形状的轮廓,粘贴在大树上,运用层层粘贴可以使介绍牌更挺括立体,而不是软趴趴的感觉。然后在介绍牌上剪贴上代表各活动室特色的物品和场景,如建构室有积木;音乐室里有乐器,有歌声;美术室里有画板画笔,可以用来画画;理发屋里有剪刀,可以用来剪头发等。

创意特色:

　　大树是可以出现在各种场景中的,在大树上还可以悬挂各类东西。这幅介绍牌要介绍的活动室比较多,用大树来作为框架,不显得单调,又有种亲近大自然的感觉,让人有种清新、心旷神怡的感觉。用灰色来作为底板,可以使作品的颜色更明亮一点,不会有沉闷的感觉。

第三节　新闻栏

(一)功能概述

　　新闻栏可以理解为具有两个功能,首先对幼儿来说,新闻栏可以是促进幼儿对外部世界感知的社会性栏目。另外,新闻栏还可以作为宣传园所重大新闻活动的栏目,此栏目大多适合中大班幼儿。

(二)创设要点

　　新闻栏当天需要让来接幼儿的家长一眼便能看到,所以在创设的过程中要醒目,但面积不用太大。

秋游公告栏

主题内容：

通过对公告栏的设计，让家长与幼儿能够注意到通知内容，并以有特色的设计让家长过目不忘。

过程说明：

在材料上使用了马克笔和彩色铅笔，构图简洁明了不失特色，能以鲜明亮丽的特色引起家长和幼儿对公告栏的注意。

创意特色：

幼儿园是幼儿学习与娱乐的主要场所，而教师对幼儿园环境的布置将会对幼儿的园内生活带来不同影响。公告栏则是幼儿园布置中不可缺少的部分，设计需要新颖、有特色，能吸引他人的目光，才能让家长和幼儿关注到张贴在公告栏内的各种通知、安排等内容。

在制作前，首先需要思考内容和设计制作方法。接着开始收集一些相关的知识以及符合公告栏内容的图片，再进一步构思，准备需要用到的材料和工具。

在布局上要注意整体性和合理性，图片设计不能过大。所以在整幅画面的右下方设计了一个穿着水手服站在轮船上向远处眺望的小男孩，寓意着幼儿对于秋游的期待，代表了幼儿无限的好奇心，与对未来的向往。在轮船上停留着一只海鸥，与小男孩背对背，正在望着船后的航迹，画面既有人物又有动物，有生动的画面感，让幼儿有身临其境的感觉，在看到图片后更期待此次的秋游活动。

画面以蓝色为主，让大海与天空相连，寓意着这次秋游是让幼儿亲近大自然，感受大自然带来的无尽快乐。边框设计以浅蓝、中蓝、深蓝渐变来增加画面的立体感。由于轮船设计以红白为主，所以"公告栏"三个大字也用红色做出呼应。为了不使左半部分画面单调，在左上角加上两只飞翔的海鸥，增添一分动感。所用到的绘画材料为彩色铅笔，能充分地勾勒出画面，马克笔也在适当的地方加以点缀。文字方面，通知内容的字体颜色以蓝黑色为主，便于家长解读。

这幅公告栏富有想象力和创造力，整幅画面能引起家长与幼儿的注意，帮助他们熟记秋游的通知内容。这些在园中必不可少的环境创设，不仅给家长教师带来便利，也美化了环境。

幼儿园广告栏

主题内容：

幼儿园广告栏放于幼儿园大厅醒目位置，用来介绍本园特色等。幼儿园的广告栏作为宣传幼儿园教学特色的窗口，具有向外界传递教育理念、教育特色、宣传幼儿园历史背景、促进家园沟通等作用。当今社会，独生子女多，家长们都会精挑细选幼儿园，让自己的孩子入读，怎样才能吸引家长选择幼儿园，广告栏就起了非常大的作用。

过程说明：

在材料上选用了彩纸来制作剪贴画，以"蘑菇房"为主要制作内容，在"蘑菇房"上开一扇窗，作为张贴资料的地方，同时也喻示着幼儿园为幼儿们开启了一扇知识之窗。在"蘑菇房"边上围绕着开心玩耍着的小朋友们，体现了幼儿园是能让幼儿们快乐学习、快乐生活的"小天堂"。整幅作品以暖色调为主，用色鲜明艳丽，给人温馨快乐的感觉，十分夺人眼球，具有很好的广告效果。

创意特色：

利用"蘑菇房"的形象来展示幼儿园，增添了趣味性。将广告栏设置为"蘑菇房"的大窗户，更加形象生动。而围绕在"蘑菇房"周围的小朋友们也能表现出幼儿在幼儿园愉快玩耍的情景，一目了然、深入人心，为家长选择幼儿园提供了良好的参考。

此外，以往幼儿园广告栏的布置往往由教师包办，内容也比较单一，仅限于幼儿园的教学成果、教学特色等方面。这种由教师单向输出教育信息的广告模式是无法调动教师积极性的，也不会让外界更好地了解幼儿园的特色，更阻碍了家园之间的沟通，使广告栏的作用大大降低。在促进幼儿园发展、支持幼儿发展的理念指引下，对此次广告栏的创设和利用进行了新的探索，创造性地将班级活动的动向展示在广告栏中，鼓励家长参与交流和互动，从而获得科学的教育理念，更直接地了解班级活动进程及幼儿发展状况，并逐步成为班级活动的支持者、参与者与合作者，协助教师有效推动幼儿的发展，进而达到一定的广告宣传效果。

宝贝们秋游去

主题内容：

幼儿园是幼儿们最喜爱的地方之一，那里有他们的小伙伴以及敬爱的老师。若是组织一次集体户外游玩活动，幼儿们一定是开心至极的，但幼儿园的游玩活动要做充足的事先准备以及宣传。园方需要通过公告栏或者宣传墙将出游的计划安排告知幼儿和家长。这幅作品包含的信息就是在通知秋游的事项。此外，还利用图画及装饰调动幼儿们的积极性和热情。

作品中有一辆尤为出彩的汽车，掌控方向盘的不是人，而是三个可爱的动物朋友，它们脸上洋溢着兴奋的表情似乎在告诉宝贝们，它们也很想去秋游呢！画面下方是两块展示区域，一处是关于秋游的具体活动安排，另一处是幼儿与家长快乐相处的亲子活动照片。幼儿们对于能够与小伙伴们一同秋游的热情是相当高的，看那驾驶着小飞船的长颈鹿朋友睁大了眼睛，就知道它对这次出游也充满了热情！

过程说明：

作品运用的是综合材料，包括不织布、瓦楞纸、钙塑板等。在彩色卡纸的剪贴方面，大多运用层层粘贴的方式塑造出生动的形象。整幅画面以暖色调为主，底板的深蓝色凸显出了小汽车、小飞船炫彩的形象特点。作品的构图与传统意义上的黑板报有些许类似，起到了很好的宣传作用。

创意特色：

通过图片、文字、照片等多样化的形式，这一幅"秋游公告"会深深地吸引住幼儿们的眼球，引导他们提前领略秋游的热闹气氛。小汽车里的小牛、小老鼠、小猴一起挤在小小的汽车里，却都是欢乐地望向前方；巴士中的小女孩象征着幼儿园的小朋友，她身穿漂亮的小衣裳，手拿彩色气球，她挥动手里的气球便是她表达愉悦的方式。作品用蓝色作底，同时也代表天空；上方的彩虹和云朵象征了大家对天气的期待，一个美好的天气对秋游也是十分重要。当然，一整天的秋游活动一定还少不了美食，作品中出现了大大小小的四个红苹果，提醒家长在秋游前为幼儿准备适宜的食物，休息时能与伙伴们互相分享。

广告招生栏

主题内容：

　　幼儿园广告栏的功能在于让不了解幼儿园的人通过广告栏中的信息得知幼儿园的办园理念、教学特色等，宣传对象是外来教师、专家学者以及家长等。这幅广告栏中主要传达的是幼儿园的招生信息。而此幼儿园注重培养幼儿的想象力，从鱼的造型和人的穿着上即可看出这一理念，加上飘浮的云，让人有想象的空间。

过程说明：

　　运用黑色的卡纸覆盖在 KT 板上，加上白色和黄色的条纹作为装饰，使画面看起来丰富。在白色卡纸上画出彩色的鱼和人物，鱼的身上有翅膀，表达的是幼儿园会给幼儿以想象的翅膀让其自由成长，而人物的形象也是富有创意的，因为幼儿喜欢艳丽的颜色，所以幼儿看见彩色的衣服就会喜欢。白云的作用，一是可以展现出在云间翱翔的意思，二是可以将幼儿园的特色张贴上去，向观看广告栏的家长介绍幼儿园的教学理念和主要特色。这幅广告栏主要是暖色系，以黄色为主，给人温馨的感觉，让家长看了也会觉得这是一个温暖又可以放心托付孩子的幼儿园。这样一来既可以带来视觉上的美感，又给观看者留出了想象的空间，不乏趣味性和主题性。

创意特色：

　　幼儿是充满童趣和幻想的，幼儿园可以培养幼儿的创造力和想象力。在这幅广告栏里，充分表现了幼儿园注重开发幼儿创造力的理念，给幼儿像天空般的想象空间，让其快乐成长、自由创造。以新奇的造型吸引来园者观看，另外，富有趣味性的广告栏也是幼儿最喜欢的，也能吸引幼儿注意。

幼儿园安全教育公告栏

主题内容：

　　画中左上方写有醒目的"公告栏"三字，底部一辆公交车开过，尾部形成一个大气泡，气泡里张贴了重要的公告，以便家长及时了解园内的最新动态。在气泡边框的周围还装饰了一些树木、房屋等，使画面显得生动、有活力。这个公告栏主要面对的对象是家长，通过这个公告栏向家长介绍近期园内的主要活动和安排，比如近期活动、成长动态等，保持家园的良好联系。

过程说明：

　　在这幅作品中运用了马克笔、彩色铅笔等工具，制作材料的多样使画面更丰富。这个作品的用色是暖色系，因为暖色调的运用会使画面更温馨，让家长在看公告栏的时候能耐心看下去。在画面中最显眼的就是一个由汽车尾部的气泡形成的大边框，它有粉粉的颜色，这与在画面一角的公交车形成鲜明的对比，会使人觉得很有趣但不突兀，在其中还有很多彩色的房子，围在气泡边框周围使得边框更生动可爱。

创意特色：

　　这幅作品采用暖色调来吸引家长们的眼光，起到了宣传的作用。公告栏文字醒目，能很快抓住家长的眼球。画面的创意点是一辆公共汽车经过幼儿园，从车尾部分排出一个大大的气泡，像是将公告信息从幼儿园载回了家。画面重点是气泡内的公告内容，有幼儿园建筑物歪斜在气泡底部，画面的创意感十足。

幼儿园公告栏

主题内容：

    幼儿园公告栏的主要作用是用于向家长通知和传达幼儿园中的各种活动安排，比如，收缴费通知、春游秋游和开放日等。为了让当天来园的家长一眼便能关注到，公告栏一定要格外醒目，吸引家长的注意。一般公告栏会贴在班级门口的墙壁或教室门上，方便家长来接幼儿的时候，能一下子就看到。这次设计的公告栏要通知的内容是 4 月份幼儿园的重要活动，其中包括了 5 日的开园仪式、12 日的体验、23 日的开放日和 28 日的家长会。

过程说明：

    材料：KT 板、彩色卡纸、马克笔、海绵胶、双面胶、剪刀、美工刀。

    这幅作品的布局分为左右两部分，左边是"公告栏"三个不同颜色的字，面积占整幅作品的四分之一，其余部分是通知的内容。

    为了使公告栏的字体和图案能够显得立体，选用了海绵胶和硬质卡纸，并将"公告栏"三个字用马克笔描上了黑边。

    为了使公告栏达到醒目的效果，选用了许多跳跃的颜色，使公告栏能一下映入家长的眼帘。背景的底色使用了黄色卡纸。左边的"公"字使用橙色，"告"字使用天蓝色，"栏"字使用紫色。考虑到图案和整体颜色大多为较艳丽的色彩，所以在右边用黑色卡纸做了一个框架，左右一明一暗，形成鲜明的反差。

创意特色：

    这幅公告栏的内容都是在"泡泡"里呈现的。在黑色框下方左右两边粘贴上两只可爱的小猫，它们面对面在吹泡泡。用四张颜色不同的卡纸剪裁下四个大圆作为泡泡，将其用海绵胶粘贴在黑框里。再把黑色卡纸制作的字粘贴在泡泡里面。然后，剪裁下大小各异、颜色不同的泡泡，随意地粘贴在黑色框内。在红色的卡纸上剪下"4 月"两个字，大小是泡泡中字的两倍左右，粘贴在黑色框的右上方。最后在白色卡纸上剪下数个五角星粘贴在黑色框内。这样，一幅引人注目的公告栏就完成了！

春游了

主题内容：

　　此作品是用于幼儿园向家长公示近期要开展的活动。春游是每个幼儿园的定期活动，提前告知家长尤为重要，用公告栏这样的形式提醒家长春游的注意事项，可让家长做好充分的准备，同时能够对活动的开展感到安心。

过程说明：

　　作品采用 KT 板为底，可让其易于摆放和存放。钙塑板、不织布和各种质地的卡纸以及手绘好的小女孩等多材料的运用，给人们视觉上不同的感受。银色亮纸的运用让一些本不突出的形象避免了被画面蒙盖。用钙塑板制作的小花立体且让画面的左下角不显得单调。

　　构图上，作品采用竖版。小车以及"公告栏"这三个字呈圆弧状，位于画面的最上方。左下角是用马克笔手绘的小女孩，用黑色马克笔粗线勾边，再在黑色线条内加入黄色线条，使得小女孩的形象生动形象起来，且随着小女孩的视线和手指指向的方向让观看者的视线转移到层层叠叠的气球上。气球上可粘贴春游所需的用品的图画，使观看者一目了然。空白处粘贴上"春游了"三个字。

创意特色:

　　公告栏是要让人们在第一眼就注意到它的存在,而蓝色和橙色是互补色,蓝色和橙色两种颜色都呈现出一种朝气蓬勃的气息,只要合理搭配,就会给人一种醒目和活跃的视觉感受。手绘的小女孩有着鲜艳的色彩,留有一圈白边,这一处理使得手绘的小女孩既不让画面颜色混乱,又使她在画面中跳跃出来,更有吸引力。

<h2 style="text-align:center">幼儿园公告栏</h2>

主题内容:

　　由于公告栏通常是放置在人流较多的地方,因此它的作用一般是用于张贴公布公文、告示、启事等提示性内容。

　　结合考虑这些因素,在公告栏中设计了几个小天使,他们姿势不一、表情不同,但他们都是快乐的,在他们旁边贴着要公告的内容,也就是幼儿园的通知,包括收费通知、春秋游注意事项、安全教育内容、家访记录内容、温馨提示、校园风光、接送小朋友们的上下课时间等。家长们通过看公告栏上的内容了解幼儿园动态、最新事件以及园内新闻等。可爱的小朋友形象在通知旁边,既可以让家长注意到通知,也会让家长看后觉得可爱。幼儿看不懂文字,但是却读得懂图片,他们也喜爱看到这种可爱的图片。

过程说明:

　　整体采用暖色调,让家长和孩子在阅读时感觉温馨。运用马克笔涂色、剪贴画粘贴,在一张对开的KT板上进行设计,将公告栏的公告分成六个板块,构图上要匀称,布局要合理,且色调要统一,整体为明媚的暖色调,让人看着身心愉悦,而且用这样的色调布置幼儿园也是十分合适的。广告栏周边的边框则是为了美化整体。

创意特色:

　　这幅作品以清新简约的排版为特色,画面既不显得单调空旷让人觉得乏味,又不太过复杂,让人一眼难以看到最关键的内容。

小水滴幼儿园宣传栏

主题内容：

宣传栏是用于介绍幼儿园各种活动安排，向家长进行传达通知的栏目，比如春秋游的事项、收缴费用的通知等，为了让家长一眼便能看到，宣传栏要醒目，一般贴在班级的墙壁上或者是教室的门上。

过程说明：

材料上用了各色卡纸、彩印的简介内容、马克笔、剪刀、双面胶、固体胶等。

作品的上方有"小水滴幼儿园宣传栏"9个艺术大字，周围的地方用了花纹边框进行了装饰，中间部分则是最重要的园所信息。整幅画以绿色作为背景色，暖色调作为主色调，画面显得梦幻温暖，用了少量的红色、咖啡色增加了画面的跳跃感。用剪贴造型使物体或人物更突出。

创意特色：

在这幅作品中，选用了多种材料来表现画面，这样可以更符合幼儿对事物的感知习惯，而相框用了水彩是因为这样更能突出它的质感，贴近实际。此外，木马是用马克笔涂色，这样就不会使画面显得太死板，同时也吸引了幼儿的注意。整张画面运用了暖色调，让家长在阅读的时候也可以心情愉悦。

春游公告栏

主题内容：

公告栏的作用是幼儿园向家长通知和传达各种活动安排，比如春游、秋游的事项、收缴费用的通知等，目的是要让当天来接幼儿的家长一眼就能看到，所以公告栏要醒目。一般是贴在班级的墙壁上或是教室的门上。这幅作品的具体内容是向家长和幼儿通知幼儿园将组织幼儿去植物园春游的活动。幼儿对于植物的了解一般来源于生活中常见的花草，以及电视节目中和书籍中的介绍。植物园中有很多幼儿不了解的花花草草，在那儿他们可以学到更多的知识，这些知识的呈现又是具体生动的，能激起幼儿的学习兴趣。生活在城市里的幼儿能亲近到大自然，对他们的身心发展都有好处。这里展现给家长和幼儿的就是一幅由各种花卉组成的通知，能吸引他们的注意，激起参与春游的兴趣。

过程说明：

在材料上运用的是蜡笔、白卡纸、绿卡纸、剪刀、胶水。因为是去植物园的通知，所以用各种花卉组成了主题结构，中间是一朵大花，周围是各种小花小草，在大花的上面还画了一只唱歌的小鸟，使画面显得生动活泼。大花的花心可以用来写通知。参加春游的主人公是幼儿，所以在画面的底部画了两个小朋友。

整幅画面采用了温暖的亮色,给人一种愉悦轻松的感觉,用灰色 KT 板作底板,与花卉形成一种视觉反差,更显花卉的亮丽。通知的大标题用了红色,让家长一眼就能看到,再加几片树叶点缀其中,与周围的花卉呼应,更显形象生动。

创意特色:

通知的轮廓不同于一般宣传栏那样是方形的,它是在一朵花的中间。通知本身与通知的主题融为一体。在通知内容的中间加上几片手工折的树叶,与周围平面的花卉形成对比,使看通知的家长和幼儿感觉身临其境。

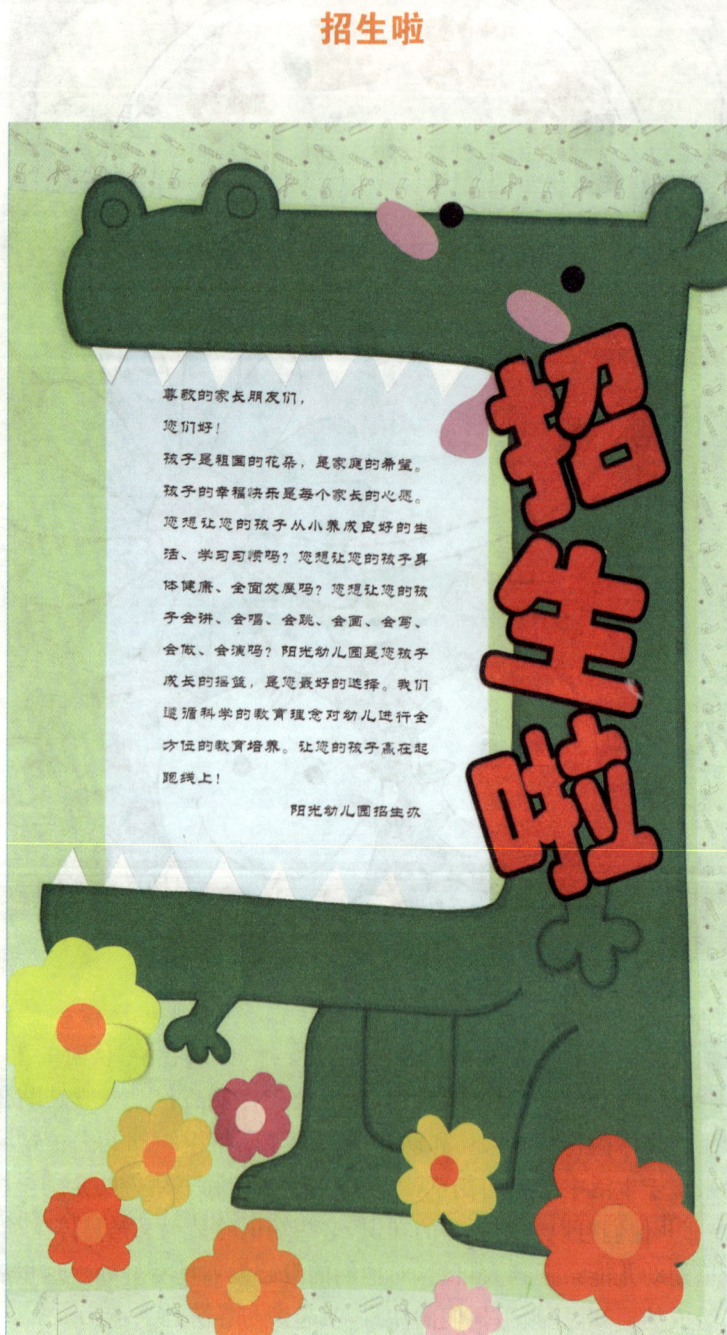

招生啦

主题内容:

这幅作品用于阳光幼儿园的新学期招生工作,向有意来阳光幼儿园入学的幼儿的家长们介绍阳光幼儿园的相关信息,例如幼儿园基本情况、办学理念、入园注意事项等。

过程说明：

　　作品主要采用剪贴的形式，画面简洁生动。其中细节部分的立体效果明显，增加了作品的层次感。作品的主要内容是一只大大的绿怪物，有一只大大的嘴巴，但是眼睛很小，腿也很短，形象简单但夸张有趣，能够一下子抓住人们的眼球。在绿怪物的周围，用深绿色的马克笔勾边，让绿怪物更能凸显出来。再把宣传栏所需要的信息放在大怪物的嘴巴里，感觉是大怪物在说话，更加活泼俏皮。信息中最重要的三个字"招生啦"用了比较鲜艳的颜色，让人一下子就能够知道宣传栏的主题。整幅作品以绿色为主色调，给人以清新之感，加上颜色亮丽且丰富的小花，让人印象深刻。

创意特色：

　　作品采用了大色块与小色块的结合，画面十分干净。画面颜色以绿色为主，颜色搭配协调统一。一只大大的绿怪物占了大部分的空间，把信息放入怪物的嘴巴里，更显新颖和生动。

幼儿园广告栏

主题内容：

　　幼儿园广告栏的功能在于让不了解该所幼儿园的人可以在此通过广告栏中的信息得知该幼儿园的办园理念、教学特色，面向对象是外来教师、专家、学者以及家长等。

过程说明：

　　运用彩色卡纸的剪贴来构图，以卡通人物为主题特色。广告栏周边用绿色的草叶围绕，仿佛是在一个绿色的森林里，又以黄色这一暖色调作为底色，使画面更明亮。再采用卡通人物的脸作为信息的外框，这样做可以带来视觉上的美感以及给观看者留出想象的空间，同时不乏趣味性。

创意特色：

　　卡通形象是幼儿们感兴趣的，所以在作品中选用了幼儿们熟知的三个卡通形象：米老鼠、史努比和唐老鸭。它们不但充满童趣，而且可以培养幼儿的爱心。以卡通形象为主题特色的广告栏也会受到幼儿的喜爱，引起家长的注意，从而让家长得知园所的活动安排、育儿知识等信息。

早教中心宣传墙

主题内容：

　　我设计的是可移动的宣传墙。可移动的宣传墙一般用于较少举办的大型活动,有时还可有空间阻隔的作用。在一定意义上这面墙也充当着装饰墙,所以在设计中我选用了大量夸张的动物头像作为宣传栏的装饰。

　　在幼儿园中幼儿对许多动物都已有所认识,可辨别一二。因为教师在教学活动中会培养幼儿热爱小动物,关爱、保护小动物的理念,所以幼儿对小动物是十分喜爱的。

　　以图文结合的形式向来园者介绍活动内容、注意事项等,照片可采用以往开展活动的照片。通过这个图文并茂的宣传墙的介绍,家长和幼儿一定会对活动有更强的期待。

过程说明：

　　我运用了KT板、白色卡纸、黄色海绵纸、蜡笔、马克笔、打印艺术字、剪刀、小刀、海绵胶等工具和材料。在构图方面我采用的是上下结构,顶部是宣传墙的主题,下方是以七个小动物的头像围成的边框。在头像中有一个呈长方形的空档,是留给文字介绍和图片的。整体偏暖色调,用了许多橘黄色、橘红色,让人感觉动感、有活力。

创意特色：

卡通动物的墙面装饰画一般不会因为季节、天气、场景等变化而让人感到不合适。动物的许多特征大都表现在头部，对于宣传内容的装饰，动物头像可算是百搭了。将顶部主题和中间内容取下，换成春游或秋游的主题内容也都是可以的。在动物选择上我既选择了常见的小鸡、小羊，还选择了动物园才有的老虎、长颈鹿、熊、河马。而长颈鹿长长的弯着脖子向下看，好似在看我们的宣传墙，起了引导观看者阅读的作用。为了体现长颈鹿的脖子长，我还在它的脖子下画了朵云来体现。这个可移动宣传墙如果作为空间阻隔墙也是可以的，既可起到宣传作用也可以起到装饰作用。

早教计划招生活动

主题内容：

这个移动墙面是用 KT 板做成，可以用作于空间阻隔，也能在上面张贴通知，还可以用于进行幼儿园的宣传活动，可以让外来人员更直观、更方便地了解幼儿园。这样的宣传墙可以不受场地的制约，能够发挥出很大的用途。这次宣传墙宣传的是招生工作和早教计划方面的内容。

过程说明：

墙面是用 KT 板做成，上面用对开的卡纸进行装饰。材料有彩色铅笔、马克笔、剪刀、胶水等。构图方面是环绕式的结构，宣传墙的上方画的是各种颜色的彩条，颜色十分鲜艳，目的是引起人们的注意；宣传墙的左下方画的是一只小兔子和一只彩蛋，它们都有着许多的花纹和颜色，给人一种新奇的感觉；右下角画的是一份神秘的礼物，同样可以引起人们的兴趣；而中间较大的空白处可以用来张贴需要宣传的内容等。整个宣传墙的装饰是暖色调，给人们温馨可爱、充满童趣之感。颜色搭配夸张但又跟整体协调，给人一种很协调的感觉。

创意特色：

宣传墙的布置必须是出挑和夺人眼球的。这次的宣传墙设计选用了鲜艳的色彩，目的是为了抓住观看者的眼球。在设计和布置的时候，注意了色调的处理和排版。用可爱的儿童画风格装饰宣传墙，渲染出童趣的特点，也映衬出宣传主题，可以引发幼儿和家长的观赏兴趣，从而获得良好的宣传效果。

广告栏

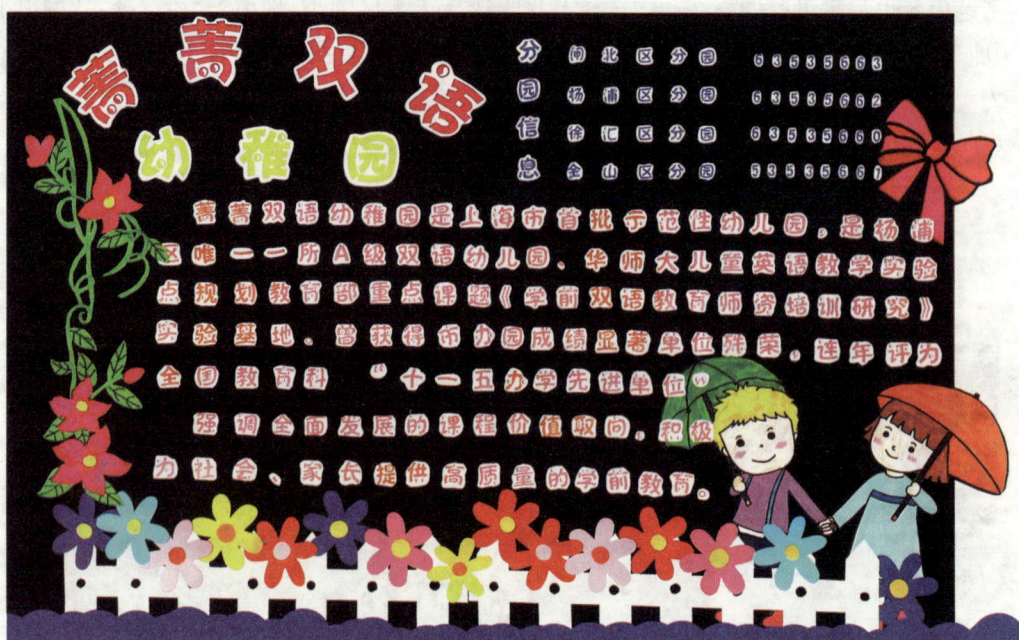

主题内容：

  广告栏一般设置在幼儿园大厅或门口处等醒目的位置，通常是给家长们阅读的，通过广告栏将园所信息与家长们一同分享，传递幼儿园的教育理念，是最快、最好的宣传手段。包括了幼儿园中的良好硬件条件、优秀的教师队伍、办学理念、获得的荣誉、网络主页地址、分院的地址与联系方式，以及园所的特色。

过程说明：

  材料和工具有各色卡纸、彩印的简介内容、马克笔、剪刀、双面胶、固体胶等。

  作品的左上角有"菁菁双语幼稚园"7 个艺术大字。右上角有分园的地址与电话号码。左侧用花纹边框进行了装饰；中间部分则是最最重要的园所信息；底部有一条长长的白色篱笆，里面用以暖色调为主的花朵进行装饰；右下角有两个可爱的小朋友手牵手撑着阳伞在开心地说着话。

  整幅画以深蓝作为背景色，画面显得梦幻温暖，用了少量的紫色、蓝色增加了画面的跳跃感。用剪贴的方式使物体或人物更加生动形象。

创意特色：

  我们以剪贴画的方式完成此幅作品，巧妙地利用材料的性能，充分展示了材料的美感，增加了整幅画面的立体感。两个小朋友手拉手的形象既增加了童趣，又显得可爱、俏皮，用于装饰的花纹则是有一定的立体效果。"菁菁双语幼稚园"这 7 个字中"菁菁双语"比其他三个字大几号的设计是为了突出幼儿园是以双语为特色，让家长们一看就知道。

  广告栏中还有分园的联系方式，方便住在不同地方的家长咨询，对分园信息的简化处理避免了宣传内容过多引起主题不清。

第四节　生活栏

（一）功能概述

生活栏主要是向家长进行保育宣传的板块。在生活栏中一般张贴较多的是一些有关于生活保育的卫生常识、每周菜谱、身体健康检查等内容。

（二）创设要点

生活栏针对的对象主要是家长，因此生活栏不用太着重于卡通的装饰，可以从简约入手，保留较多的空间给通知及宣传内容的张贴，装饰物不可喧宾夺主。

（三）教学图例

一周食谱公告栏 1

主题内容：

公告栏主题是"一周食谱"，为了贴合主题，画面上必不可少的是食物和为小朋友搭配营养餐的老师，画面中的装饰不多，在两个人物身边错落有致地粘贴着胡萝卜、醋、荷包蛋，画面顶部是"一周食谱"四个字，画面中间粘贴着幼儿园详细的一周食谱。幼儿园的菜色需要做到荤素搭配、营养合理及膳食均衡，这样才能符合幼儿生长发育的需求，并且需要色、香、味俱全，这样才能吸引幼儿的目光，让幼儿喜欢吃幼儿园的饭菜，培养他们不挑食的好习惯，让幼儿们可以健健康康、快快乐乐地茁壮成长。食谱公告栏也是向幼儿家长们展示幼儿园膳食搭配的良好平台。

过程说明：

这幅作品主要工具和材料是马克笔、水彩笔、胶水、剪刀和卡纸，用白色卡纸作底板，贴上一大张黄色卡纸；另取一张白色卡纸，用铅笔画好两个人物、胡萝卜、醋、荷包蛋的轮廓，上色，剪下贴在画面中的相应位置；"一周食谱"四个字彩打出来贴在画面顶部；最后，在画面中间贴上一周的食谱表。用水彩笔涂抹第一行和第一列，并给框线描边。

创意特色：

画面以黄色为主色调，颜色搭配清晰自然，此外，周围的装饰不会过分抢眼，有主次之分，起到了良好的信息传达作用。

一周食谱公告栏 2

主题内容：

"一周食谱"公告栏是最快、最直接的宣传工具之一，家长可以从公告栏中清晰地了解到幼儿在园的饮食情况。幼儿园是幼儿在幼儿时期的主要活动场所，幼儿园里除了做好安全措施之外，幼儿的营养补充和科学的饮食也是极其重要的，因此幼儿园制定一套科学、营养合理的食谱是很有必要的，每个幼儿园的一周菜谱都需由专业的营养师精心设计。一周食谱公告栏的创设有助于增加家长对幼儿园的信任，能够放心将孩子交给幼儿园。

过程说明：

材料和工具上运用了各色卡纸、打印的食谱内容、马克笔、颜料、剪刀、双面胶、固体胶等。整幅画主要分为三大部分。第一部分是最左边"一周食谱"四个艺术字；第二部分是五个方框，内容包括一周饮食内容；第三部分是整幅画的装饰部分，让内容相互联系起来，紧扣"食谱"这个关键词。

整幅画以淡黄色作为背景色，暖色调作为主色调，使画面显得梦幻温暖，五个方框运用一些冷色调增加了画面的跳跃感，用剪贴的手法使主题内容——"食谱"更加突出。

创意特色：

以剪贴画的形式完成整幅作品，巧妙地利用各种材料的特性，充分展示了材料的美感，增加了整幅画的立体感，给人带来温馨又美味的感觉，跳跃的颜色增加了人的食欲，也与一周食谱公告栏的主题相呼应。

一周食谱公告栏3

节次\星期	MON	WED	TUE	THU	FRL
1					
2					
3					
4					
5					
6					
7					
8					

主题内容:

　　在一个风和日丽的早晨,一群小动物背着小书包,一起高高兴兴地去幼儿园,画面活泼、新奇、鲜艳亮丽,深受幼儿们的喜爱,让幼儿明白去幼儿园是一件很快乐的事情,同时让来园的家长知道幼儿园内有营养均衡、搭配丰富的一周食谱。

过程说明:

　　这幅作品主要运用的工具和材料有彩色卡纸、剪刀、双面胶、海绵胶等,作品制作的主要步骤是选用不同颜色的卡纸画好动物的轮廓、衣物、剪下粘贴在公告栏底部;用蓝色卡纸做好食谱表的框纸,贴在白色底板上,再把打印好的"一周食谱"、"星期"、"节次",以及数字和字母剪下贴在相应的位置上;最后,把一些做好的食物和一只小熊贴在食谱表内。

创意特色:

　　这幅作品的主体是一张巨大的食谱表,以课表的形式呈现,让人一目了然。散落在食谱表中的小熊、食物让食谱更能吸引幼儿的注意。

整幅作品以暖色调为主，以白色的底板作为主色调，不同颜色的动物在绿色卡纸制作的草的衬托下更生动活泼，并增加了作品的情境性，而且作品的主色调也符合幼儿的审美特点，冷色调的运用又使色彩之间的搭配富有跳跃性，冷暖色之间相互协调，更能衬托出作品的内容。

这幅作品可以运用在餐厅里面，让幼儿了解到食物的重要性，也可以放在幼儿园的橱窗内，让家长们知道幼儿园饮食的安排情况。

一周食谱公告栏4

一周食谱

	一	二	三	四	五
午餐	米饭 红烧鸡腿 香菇冬瓜 黄瓜蛋汤	米饭 清炒虾仁 卷心菜 鱼丸菜汤	米饭 香菇豆腐 木耳肉 炒三鲜汤	菜肉馄饨 丝瓜汤	米饭 茄汁肉片 青菜 番茄蛋汤
点心	牛奶 花卷	牛奶 蛋糕	牛奶 饼干	牛奶 烧麦	华夫饼

主题内容：

"一周食谱"公告栏是向家长介绍幼儿在园一周食谱的公告栏，设计理念围绕太空展开，为了营造一个愉悦的就餐氛围，将食物设计成太空飞船和星球的造型，把食物生动化。一周的食谱菜单做成表格呈现，简单清晰又一目了然，画面中的小男孩带着满脸笑容，一只手放在嘴边，好像在对幼儿们说："快来吃饭啦！"

过程说明：

"一周菜谱"公告栏主要运用太空理念，在工具和材料上运用了彩色卡纸、瓦楞纸、马克笔等，将食物设计成可爱的太空形象，吸引幼儿们的眼球，引起他们对食物的兴趣，也有更深一层的寓意是希望他们能养成不挑食的好习惯，茁壮成长，身体像宇航员一样强壮。

创意特色：

设计这幅作品是为了让家长了解幼儿园一周食谱，知道幼儿园有营养均衡、搭配合理的食谱。将食物设计成可爱的太空食物，是想让幼儿们对于吃饭不产生抵触情绪，画面上可爱的食物宝宝形象和微笑的小男孩形象可以为幼儿们带来愉快的就餐心情。

一周食谱公告栏 5

主题内容：

　　幼儿园一周幼儿食谱公告栏上面，可以用表格的形式，也可以用照片的形式呈现食谱的内容。周围的装饰不应太过抢眼，要有主次之分。幼儿园一周食谱公告栏是面对全园幼儿及其家长和社会的。

过程说明：

　　在材料运用方面，此次的幼儿园一周食谱是在黄色的KT板上进行创作，工具和材料有白色卡纸、马克笔、彩色铅笔、铅笔、橡皮、剪刀、双面胶等。

　　在构图方面，选择一个卡通小厨师来作为主人公，小厨师端着蛋糕，戴着厨师帽，可爱的形象更加符合幼儿园的环境，小厨师的身后是木制公告栏，在公告栏上粘贴着"幼儿园一周食谱"的字样，并且在公告栏的前面，有很多可爱的卡通水果蔬菜小人。这样在整体的画面中，有疏有密。

　　在色调方面，用的是黄色的KT板，所以整幅画运用了暖色调来进行创作，小男孩、木制公告栏都是以黄棕色为主的颜色。为了协调画面，在公告栏中贴一周食谱的位置采用了蓝色。

创意特色：

　　本次绘制中，有小厨师、公告栏、水果、蔬菜等，把它们结合在一起之后，就能感觉到他们之间存在着的联系。首先是小厨师，小厨师端着蛋糕倚靠在木制宣传栏上，可以让人一眼就知道是以食物为主题的宣传栏，这样可以使主题更加鲜明，并且在小厨师和宣传栏前面的草地上，拟人化的水果蔬菜、胡萝卜从公告栏后探出了头，西瓜宝宝向你竖起了大拇指，花生和蚕豆面对面好像在说着什么，香蕉先生悠闲地在地上晒着太阳，蘑菇正慢悠悠地向我们走来，动态的形象为画面增添了许多童趣。这样生动的画面能吸引人们的眼球，从而使公告栏更好地起到作用。

幼儿园每日食谱

主题内容：

  幼儿园每日食谱主要是为了让家长知道幼儿在园的营养摄取状况，让家长更多地了解幼儿在幼儿园中的生活细节。

过程说明：

  运用彩色卡纸的剪贴来构图，以动物为主题特色。广告栏两边用两头长颈鹿来拉起挂绳，引出幼儿的食谱。以蓝色作为底色使画面更为清新活泼，增加了愉悦的视觉感受。采用动物的特征部位作为信息的外框而不是一整只动物，这样做既可以带来视觉上的美感以及给观看者留出想象思维空间，同时不乏趣味性。

创意特色：

  动物主题在幼儿园里是永恒不变的主题之一，也是幼儿们最感兴趣的主题。动物不但充满童趣，而且可以培养幼儿的爱心。看到可爱的小动物就可以联想到天真的幼儿，所以以动物为主题特色的幼儿园每日食谱也会受到幼儿们的喜爱，并引起家长的兴趣，从而了解幼儿在幼儿园的饮食情况。

每周食谱

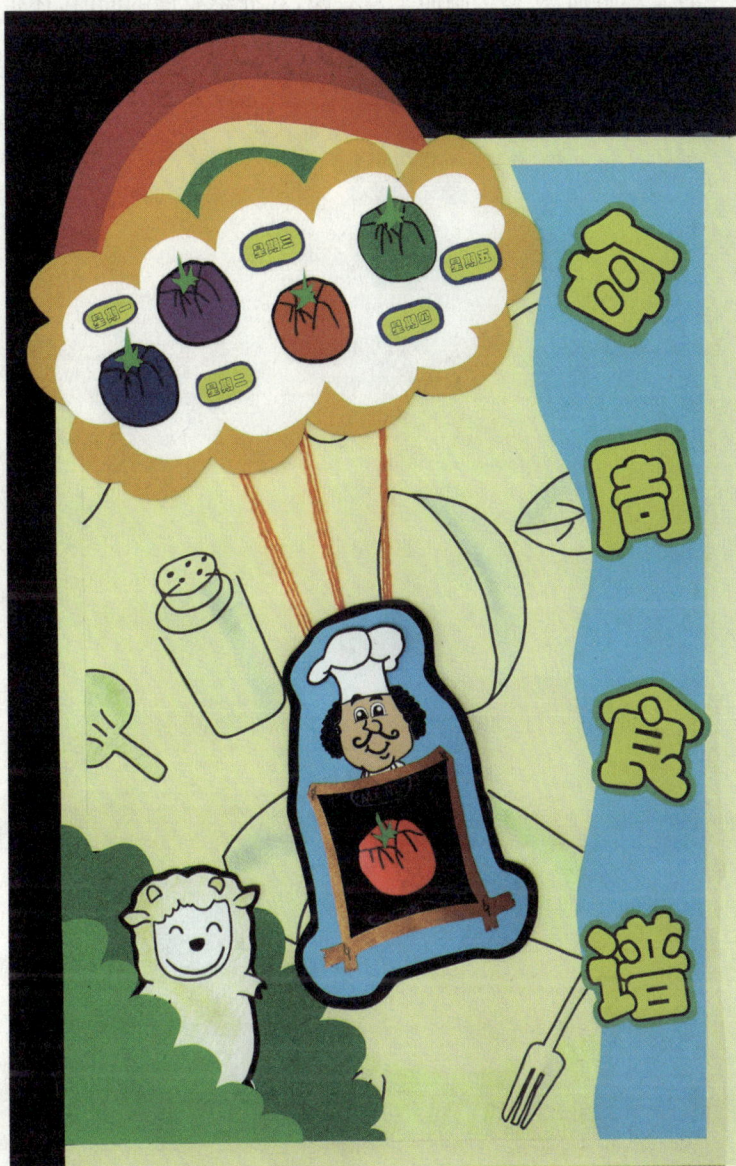

主题内容：

　　幼儿园一周食谱的创设，是为了让幼儿和家长更好地了解到幼儿在园的饮食情况。幼儿吃什么？幼儿怎么吃？这些问题都是关系到幼儿的身体健康，幼儿园的保育员要掌握一定的营养知识，给幼儿准备营养又美味的食物，同时也给父母示范如何合理地搭配饮食。食物营养素含量是否达到健康要求、食物种类是否够多、荤素搭配是否合理、营养是不是达到了均衡全面，还有一些需要注意的小细节也可以从食谱栏中了解，如少食多餐、摄入足量的碳水化合物。

过程说明：

　　此次剪贴画的材料主要以彩色卡纸和钙塑板为主，其中也运用到了毛线，将橘色的毛线作为降落伞的伞线。小厨师的脸部用钙塑板制成，这样会使小厨师的样子更加生动，再画上小胡子，使小厨师看起来很有趣，能够吸引幼儿的眼球。构图上，彩虹气球带着小厨师从天而降，增加了画面的趣味性，在左下角有一只大白羊躲在了草丛里，看着天上的小厨师，两个人物之间相互呼应。色调上，彩虹和食谱栏都运用了鲜艳的颜色，大量的暖色很吸引人的眼球，使食谱栏中的内容看起来显眼但不突兀。

创意特色：

    这幅作品并不像传统的食谱栏，只有大篇幅的文字介绍，这里用图片来代替文字，将食物做成可爱的样子增强幼儿的食欲。此次剪贴画中的人物也十分有趣，搭乘热气球的小厨师，带着菜谱从天而降，一只可爱的小肥羊在草丛里看着小厨师，使整个画面丰富有趣，在介绍菜谱的同时，还带有一些趣味性，让幼儿或是家长猜测主人公之间的对话，给人以想象的空间。

第五章 幼儿园节日活动环境创设

第一节 幼儿园节日活动环境创设概述

幼儿园节日活动环境创设是为幼儿园节日活动环境教育服务的。幼儿园节日活动环境教育指的是教育者利用节日活动中的人、事、物,有目的、有组织、有计划地对 3—6 岁幼儿施以积极的影响,促进其发展的过程。节日教育活动,让我们的孩子亲近自然、接触社会,初步了解有关节日的风土人情,陶冶孩子互相关爱、热爱自然等良好的社会情感,以节日教育促进孩子认知、情感、行为的发展。

幼儿的情感培养要从与他们的直接生活经验有关的具体环境出发,而每一个节日在现实生活中可谓和孩子的生活息息相关。节日的环境、氛围,成人的庆祝活动是孩子期待的,可让其直接体验、感受,节日环境所特有的情境性、感染性、实践性、娱乐性能使幼儿在自然、宽松、愉快的氛围中主动参与实践活动。正是节日环境的特殊性使节日教育具备了可接受性,从而能发挥出区别于其他教育途径的教育价值。热烈、喜庆、欢快的节日活动环境氛围,不仅给人以深刻的印象,更能给予孩子一种愉快、健康的心理影响。如孩子的六一节,老师和孩子们将幼儿园装扮一新,大家载歌载舞、其乐融融,这种节日的欢愉氛围,会使孩子们心情舒畅、乐于交往、身心健康。

第二节 幼儿园节日活动环境创设要求

选择与幼儿生活联系密切的节日开展活动,根据不同的节日设计出相适应的环境,合理利用环境创设的策略进行环境创设。

1. 动手制作

例如六一儿童节时,可以布置富有欢庆气氛的环境,幼儿亲手制作小礼品,幼儿动手张贴宣传标语,绘画相关的图片来布置环境。

2. 一物多用

例如母亲节和圣诞节都可以使用圣诞树来进行装饰。母亲节时,在圣诞树上可以挂上画有想对妈妈说的话的小卡片,圣诞节时,可以在圣诞树上挂上有节日气氛的装饰品。

3. 选择有标志性的物品

例如春节时,可以选择与春节相呼应的装饰品,如福字、春联等,来布置环境。

一、思考与实践

1. 幼儿园节日环境创设的意义是什么?

2. 选择一个你喜欢的节日为"教室里的一角"创设环境。要求:节日气氛浓厚;环境具有节日元素;材料使用具有丰富性和一物多用性。

春节

主题内容：

这幅作品主要表现的是春节热闹欢腾的景象。春节是中国最富有特色的传统节日，意味着一年之始。春节的活动丰富多彩，带有浓郁的节日气氛。

画面选用了灯笼、福字等具有节日代表性的事物来表现春节这个主题，让人们一眼即可知画面上表现的是春节。另外，画面中还设计了一男一女两个可爱的人物，他们的造型非常符合春节的气氛，外加他们舞狮的造型，为画面增添了一份动感，让看到这幅作品的人们也跟着一起感受到了这份喜悦。这样一幅作品可以帮助幼儿了解新春的习俗与特点，在幼儿园中营造出和睦、团结、欢乐祥和的喜庆氛围。

过程说明：

由于春节是全国人民都非常重视、非常喜爱的一个节日，所以这幅作品中以红色作为底色，增加喜庆的气氛。制作工具和材料有彩色卡纸、金银纸、蜡笔等，表现手法主要是以剪贴为主，也有部分剪纸镂刻，例如灯笼的造型，运用剪纸镂刻可以更加突出效果。

画面的结构呈上下两部分，福字和灯笼占了画面的一半，突出主题。福字也运用了艺术字的造型，再用蜡笔勾边，更加凸显效果。而福字底下的灯笼也巧妙地与背景相结合。外加福字两边的吉祥鸟，使画面更饱满。下半部分以人物为主，采用剪贴的方式可以更好地展现人物舞狮的层次感和动态感。整幅画面以暖色调为主，色彩搭配合理，让人过目难忘。

创意特色：

这幅作品的创意特色主要表现在用色上合理地运用了红色与黄色，表现手法上运用了剪贴与镂刻，在选材上非常讲究和用心。底色的红纸上还可以隐约看出花朵的印记，与吉祥鸟四周的花朵相呼应。灯笼以及福字的制作非常精巧细致，两者的结合使得画面有了层次感。当然，人物的造型也是非常的细致，充分地展现了温馨、喜悦的节日气氛。

儿童节

主题内容：

　　这幅作品的主题围绕儿童节展开。一年一度的六一儿童节是属于孩子们的节日，在画面中当然少不了可爱的小朋友们，从他们乘着小汽车张开双手欢呼雀跃的样子可以看出他们对儿童节的喜爱。画面中有太阳、月亮、星星，有彩虹、云朵，也有气球、玩具等，这些都是幼儿喜欢的事物，它们可以吸引幼儿的目光，引起幼儿的关注。同时也希望通过这样一幅作品让幼儿之间的关系更加融洽，学会分享。因为幼儿是国家的未来，是民族的希望，给幼儿创造一个良好的幼儿园环境，让他们健康、快乐、幸福地成长，一直是幼儿园努力的目标，所以设计这样一幅有关儿童节的作品是必不可少的。

过程说明：

　　这幅作品运用的工具和材料主要有各色卡纸、马克笔、蜡笔等。因为作品给人的第一感觉就是颜色十分丰富，所以选用了黑色卡纸作为背景，目的是为了平衡画面，使画面不显得杂乱。画面中以彩虹、白云来连接所有的事物，使画面显得紧凑但不拥挤。作品也采用了一定的剪贴手法，先运用彩色卡纸将人物、房屋、玩具等的轮廓剪下，再用马克笔勾边，蜡笔涂上阴影，然后将它们进行粘贴、组合，这样的艺术手法更能体现事物的立体感与层次感。画面的结构也注意了疏密搭配，右下角的人物、房屋、云朵等紧密地呈现，但是在左上角只以一个摩天轮呈现，这样就可以很好地平衡画面，突出重点。

创意特色：

　　此次设计的创意特色在于大胆地运用了各种色彩，将儿童节的快乐氛围很好地展现了出来。因为考虑到颜色一多会给观赏者带来视觉上的压力，所以将底色定为黑色，既能很好地突出主题，又可以平衡画面。因为主题是儿童节，所以画面中出现了许多与儿童节相关的事物，可以吸引幼儿注意，画面用色也是以红、橙、黄居多，给人以温馨、愉快的视觉享受。

张灯结彩贺元宵

主题内容：

    这幅作品的主题是张灯结彩贺元宵。虽然夜色渐浓，可是浓浓的元宵氛围却没有半点消退，正月十五的月亮又大又圆，高高挂在枝头，似乎给节日带来了阵阵暖意。黑压压的树梢上挂着各式各样、不同造型的彩灯来渲染节日的气氛。小伙伴们手拉着手，一手拿着灯笼，一手牵着好朋友，一起走在洒满月光的小路上，一起享受节日的快乐。这幅作品的设计意图，一是为了告诉幼儿有关元宵节的相关知识，丰富生活经验；二是培养幼儿对美的兴趣，培养他们的审美情趣。图中运用了月色、枝桠、灯笼、房屋、人物等多种元素来构建整个画面，使画面更加充实且透露着浓浓的节日气氛。

过程说明：

    这幅作品看起来很复杂，其实只采用了水彩颜料以及剪贴的方式来完成。用不同层次的蓝色水彩颜料铺满整个画面来作为背景色，使画面充满浓浓的夜色美。黑色的枝桠是先在白纸上画好树枝的形象，上好色，再剪下轮廓，粘贴而成。图中的人物和灯笼也是从画好的纸片上剪下粘贴而成的。为了使画面效果更显张力，用两棵树作为主体。从近到远，黑压压却反射着月光的一排排房屋作为远处的背景来丰富整体画面。画面看似偏冷色系，却因为又大又亮高高挂起的月亮而增添了一分温暖。

创意特色：

　　这幅作品最大特色就是采取了俯视的角度，整个画面设计是从上至下，由远及近的，观赏者在看这幅作品的时候，仿佛和画里的人物一起透过枝桠来观赏远处的节日景象。浓浓的节日气氛由远及近，给人一种美的享受。整个画面设计是有两个层次的，第一个层次是以深浅不同的蓝色水彩颜料作为背景，第二个层次是以褐色树枝剪贴作为主体，剪贴处理的彩灯，使画面感更加生动立体。天上的月亮又大又圆，洒落下来的月色也是清晰可见，树桠上的点点亮光，明亮的窗户，浅蓝的马路，白色的房屋轮廓等细节都是月光照射的效果，使本来略显暗沉的画面一下子提亮了不少。整个画面充满着浓浓节日的欢乐气氛。

快乐的中秋节

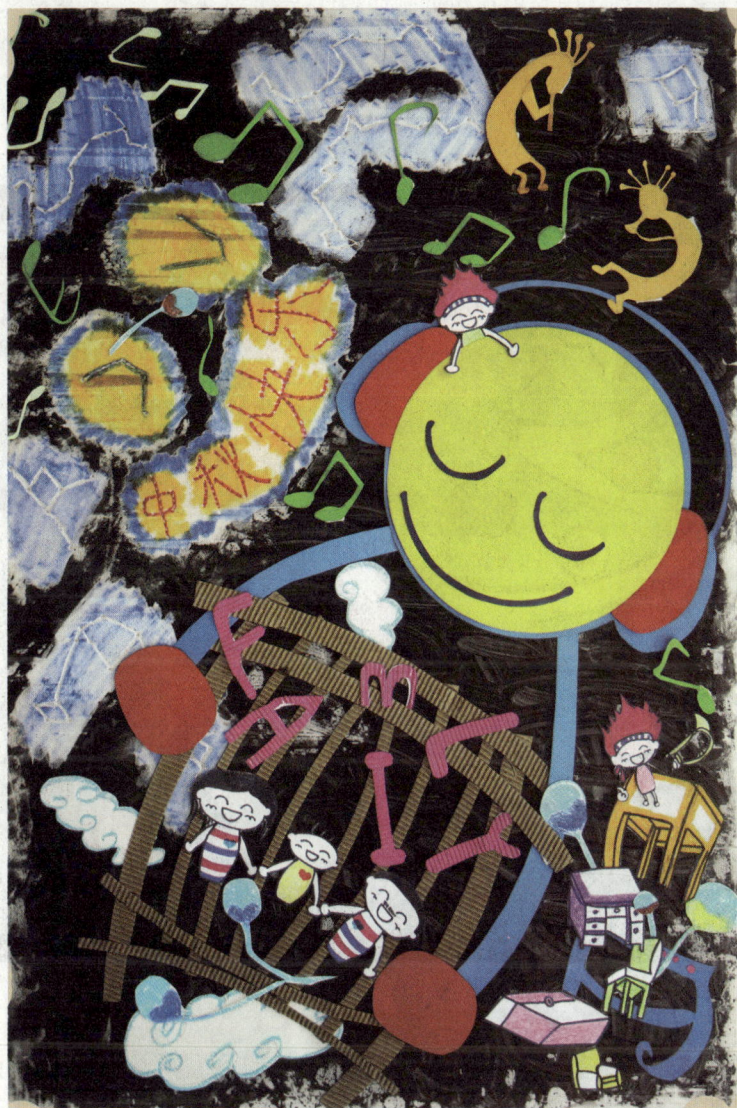

主题内容：

　　这幅关于中秋节的作品能使幼儿感受到节日的气氛。中秋节是家人团圆的日子，画中一家三口其乐融融的景象十分的幸福美满。在画面的左上角是一个大大的笑脸，笑脸的嘴上写着"中秋快乐"四个字。天上的月亮上也有一个小人陪伴在身边，月亮闭上眼睛微微地笑着，还戴着一副耳机，耳机中传出优美的音乐。月亮伸出手臂就好像呵护拥抱着一家三口，月亮恬静的表情与地上的人的神情相呼应，显示出幸福的感觉。这些都能帮助幼儿理解中秋节是一个与家人团圆的日子。

过程说明：

这幅作品主要运用了彩色卡纸和瓦楞纸。最大的亮点就是那个圆圆的黄色月亮，用黑笔画上表情，用红色画上大大的耳机，长长的手臂与地上的一家三口拥抱。家人身上的细节都是精心绘制的，衣服上的花纹也是十分可爱。在作品右下角用桌椅、柜子等物品进行点缀。用瓦楞纸制作的英文字母错落地点缀在棕色瓦楞纸上面，使画面别致有趣。整个背景都是用黑色为底，再用蓝色为辅，用绿色和浅绿色的彩纸剪成音符点缀背景。

创意特色：

中秋节的代表物就是圆圆的月亮，运用黄色的卡纸来剪出大大的月亮，为她戴上耳机，并在边上搭配一个可爱的红头发的小人儿，充满着童趣。黄色、蓝色、红色的运用恰当合理，以背景的粗糙来突出月亮与人物的细腻。家人上方还有一个英文单词"FAMILY"。整幅作品还用了不少元素装饰画面，如云朵、音符、桌椅。一家三口身后的背景用棕色瓦楞纸制作，好像一张大床把三个人紧紧联系在一起。

圣诞节

主题内容：

为了帮助幼儿更加直观地感受圣诞节的氛围，了解节日活动的各个元素，设计了这幅关于圣诞节的作品。因为圣诞节是西方节日，所以在设计主标题时选择用英文来表现。幼儿通过欣赏作品来理解圣诞节可以做哪些事情，比如装饰圣诞树、把礼物放在圣诞树下、把礼物放在袜子里等。在墙面上装饰幼儿感兴趣的事物能激发他们的兴趣。所以在设计时运用了三分之一的画面来设计圣诞树，再用小礼物、糖果等进行点缀，从而达到吸引幼儿注意的效果。下方的两个小朋友高兴的表情烘托了节日的欢乐气氛。整幅作品能让幼儿感受到圣诞节带来的快乐与美好。

过程说明：

这幅作品运用不同颜色及材质的纸张，如瓦楞纸、钙塑板、卡纸。作品背景为蓝色瓦楞纸，将圣诞树放置在作品左侧，以绿色为主体，用黄色曲折形状钙塑板装饰，蓝色与红色圆点点缀，在顶部有一颗八角形的星星。用扭扭棒来制作主标题，背景为红色与白色卡纸的搭配，用波浪的花纹表达出冬天白雪皑皑的景象，更加符合节日的气氛。在主标题下方用丝绸吊着糖果、袜子、手套等节日礼物。底部为一男一女两个小朋友被各种礼物包围着，满足的神情传递着快乐。

创意特色：

用圣诞树来直观表现圣诞节，运用黄色曲折形状钙塑板来连接整棵树，显得有层次感。顶部的八角星星以黄白为主，中间用金色的扭扭棒来装饰。整棵树上有蓝、红、黄三种颜色的圆点点缀，烘托了节日气氛。此外，整棵树都有黑色的边来衬托，更加突出圣诞树的色彩缤纷。在主标题方面，都是用英文来表达，用扭扭棒来制作，既方便又有特色，银色、紫色、金色三种颜色与作品的色调相呼应。纵观整幅作品以冷色调为背景，以中暖色调表现事物，结构协调、内容统一。

迎国庆

主题内容：

这幅作品主要表现庆贺国庆节的节日气氛，画面中用天安门作为背景来突出国庆的主题，一般幼儿看见天安门以及鞭炮、红旗都能联想到国庆节。将金属黄、亮片红两种颜色相结合做成鞭炮，分别挂在画面的两边来渲染节日的气氛，画面中还有飘扬的国旗和举旗欢呼的人们，这些都非常符合国庆的氛围。这幅作品不仅能起到一个很好的墙面装饰效果，并且也可以让幼儿通过这幅作品知道北京天安门，能够清楚地了解国庆节，同时，在喜气洋洋的画面中感受举国欢庆的气氛，萌生爱国的情感。

过程说明：

由于国庆节是一个举国欢庆的节日，而红色又是最具民族特色的颜色，所以画面中大量运用了大红色来表现。不同于其他作品，这幅作品采用的是剪贴的方式，运用不同材质、不同颜色的彩纸和卡纸等来装饰画面，很有节日的气氛，而且画面有层次效果。构图方面，采用的是四面环抱式的效果，上下左右都有不同的元素来填满整个画面，让画面更加充实和饱满。

创意特色：

　　运用了大量的红色彩纸来表现天安门的红，很鲜艳很亮丽，一下子能吸引幼儿的注意。天安门作为远景，没有做过多的修饰，更多的是还原天安门本身的面貌，让幼儿们对北京天安门能有一个更加清晰的认识。不同于天安门，将鞭炮作为近景，把它们设计得又大又夸张，将金、红两种亮色卡纸剪成鞭炮的形状，再重叠地粘贴在一起，非常具有立体效果。用两片绿色表示广场，用一长片湖蓝色代表金水河，还做出了天安门门洞的倒影。因为绿色和红色的结合有很强的冲击效果，可以一下子给人的视觉带来很大的冲击力，使得画面效果更加充实、更加立体，同时又透露着浓浓的节日气氛。

植树节

主题内容：

　　这幅作品主要传达了一种爱的力量，人与自然是和谐共处的一体。图中的人与树融为一体，不可分离，就像人和自然的关系是相互依存、缺一不可的。画面中的树木代表自然，两个人物代表人类，画中的人拥抱着树木，暗示自然的力量是强大的，人类要怀有一颗感恩敬畏之心。背景中溅开的水花就像一对美丽的翅膀，点缀了画面，使背景充实，显得人与自然的关系更加和谐，让幼儿在欣赏作品的同时能懂得要爱护自然、尊重自然。

过程说明：

　　这幅作品运用了卡纸、手工纸及彩色铅笔。树干与树枝用湖蓝色的卡纸制作，茂盛的树枝上有爱心和花朵装饰,花朵与爱心都用手工纸折,使画面有立体感。再用绿色卡纸制作树叶,剪成流苏状来点缀花朵,装饰在树上。此外大大小小的爱心布满了树枝,使画面充实。爱心以粉色、红色和蓝色三种颜色为主,表达了人和自然和谐统一就能产生爱的主题思想。再用五角星来点缀树枝,使整个画面充满了活力。在树枝的空白处用与背景相近的灰色来覆盖,边缘为树枝留了白边,更加突出了整棵树的结构。两个人物用橙色卡纸来制作。在整个画面中还有溅开的水花,就好像一对翅膀那样,带人和自然飞向美好的未来。

创意特色：

  整幅作品中最夺人眼球的就是树枝上的花朵,用粉色手工纸折成,使整个画面更加丰满、有层次感。用绿色的手工纸剪成树叶形状,茎叶部分剪成流苏状来衬托花朵。用大小不一的爱心来点缀树枝,每颗爱心都有不同颜色的边纹装饰,并且又用小小的五角星来装扮整棵树,更显得树上的物品丰富多彩。树上的装饰品疏密适当,并在树枝空白处都填满了与背景相近的灰色,更加突出了树枝的生动形象。一大一小两个人物用橙色卡纸制作,做出拥抱大树的样子。虽然没有画出表情,但也能感受到他们是充满活力的。蓝色的水花运用了渐变色,并且白色勾边,使水花有层次感与动感。